Gunther Jensen

Die Controlling Fibel

1. Auflage

ISBN: 978-3-7322-5103-2

©2013 Herstellung und Verlag:
BOD – Books on Demant, Norderstedt

Inhaltsverzeichnis

A

Abgrenzungen

Abgrenzungen werden bei Kosten Soll-Ist-Vergleichen oft ausgeführt, um Abweichungen zu vermeiden, die als nicht typisch erscheinen. Kontiert man die Kosten ereignisorientiert, so treten bei Reparaturen oder Werkzeugkosten Sprünge auf. Diese in dem Monat, in dem es geschieht, größeren Abweichungen sind dann auch in der Kumulation Monat für Monat noch sichtbar und lösen dann vielleicht erneut denselben Erklärungsbedarf aus.

Deshalb könnte man mit der gebotenen Umsicht einen Teil der Ist-Kosten auf ein Abgrenzungskonto/Aufwandsausgleichskonto übertragen, das dann kontinuierlich in die Ist-Kosten der Kostenstelle aufgelöst wird. Dies entspricht oft auch dem „accrual principle" des periodengerechten Anwachsens.

Erstellt man jedoch eine Erwartungsrechnung, einen „Forecast to Year End" im Sinne des Controller-Berichtswesens, so ist für die Hochrechnung der gesamte, inzwischen schon aufgelaufene Kostenaufwand zu berücksichtigen. Im Berichtsformular „4-Fenster" könnte dann im Feld der Sachverhalte nachrichtlich eingefügt sein, welchen Stand in einer bestimmten Kostenposition wie z.B. Reparaturen das Abgrenzungskonto hat. Weiterhin ist in der Weiterentwicklung des Controlling-Reporting zu überlegen, ob in Zukunft der Plan-Ist-Vergleich nicht so gemacht werden könnte, dass der Plan im Jahresplan besteht; das aufgelaufene monatliche Ist danehen steht und eine Abweichung immer dargestellt wird zwischen kumuliertem Ist und Jahresplan/Jahresziel. Die Abweichung ist dann immer mit der Frage ausgerüstet, wie es vollends weitergeht und welche Höhe von Umsatz oder Höhe von Kosten bis Ende Jahr nach jetziger Einschätzung für erreichbar gehalten wird. Dann würden auch die Abgrenzungen nicht mehr sehr relevant sein, weil sie gewöhnlich im Zuge des monatlichen Soll-Ist-Vergleichs entstehen; wenn also z.B. der Jahresplan in Zwölftel auf die Monate übertragen wird - phased budget.

Abgrenzungen zu definieren und zu buchen, bringt Aufwand mit sich - und das in einer Zeit, in der die Fristen der Berichterstellung immer kürzer werden. Abgrenzen heißt immer, sich mit der Vergangenheit zu beschäftigen (falsche Monatsaufteilung etc.), anstatt sich um die Zukunft zu kümmern. Gerade im Reporting verwenden wir noch zu viel Zeit mit Rechtfertigung und Begründungen anstatt mit Zukunftsgestaltung. Dazu passt folgendes Zitat aus einer Konzernberichtswesen-Richtlinie: „Abweichungen ab 1 Mio. € sind zu erläutern".

Auch in anderen Berichtsideen taucht das Thema Abgrenzungen auf. So könnte man argumentieren, dass ein „Economic Value Added - EVA©" auch darin besteht, dass Forschungsprojekte oder Markterschließungsmaßnahmen unternommen werden. Dann ergibt sich auch hier die Idee, abweichend von „IFRS" und „US-GAAP" Forschungskosten auf eine Mehrjahresperspektive abzugrenzen; desgleichen Markterschließungskosten. Schließlich wird mit solchen Maßnahmen ein „ökonomischer Mehrwert" erzeugt; und es gibt gerade für neue Unternehmen weniger Ergebnis-Volatilität bei der Beurteilung z.B. durch Finanzanalysten.

Die dauerhaft das Problem lösende Konzeption ist die Individualisierung der Höhe der Ziele in Mischung aus Herausforderung und Erreichbarkeit. Wenn eine Sparte neue Produkte einzuführen hat, dann kann das Ergebnis nicht so hoch ausfallen als dort, wo eingeführte Produkte auf dem Markt vertreten werden. Also muss das Ziel im Jahr der Einführung entsprechend tiefer vereinbart sein - es könnte auch ein Verlust mit Maß sein. Dass ökonomische Werte geschaffen sind, ließe sich doch separat ausdrücken in einer außerhalb des Rechnungswesens berichteten Wertschöpfungskennzahl - vgl. die Prinzipien von „Balanced Scorecard"

Abschreibungen

Abschreibungen bilden den "Werteverzehr" bzw. die Abnutzung eines Vermögensgegenstandes im Rechnungswesen ab und verteilen die Anschaffungs- bzw. Herstellungskosten von Anlagevermögen auf die Jahre der Nutzung.

Abschreibungen mindern als Aufwand den Gewinn des Unternehmens; sie werden im Handelsrecht in § 253 HGB geregelt.

Im Steuerrecht werden Abschreibungen als Absetzung für Abnutzung (kurz: AfA, vgl. § 7 EStG) bezeichnet.

Man unterscheidet insbesondere folgende Abschreibungsmethoden bzw. Abschreibungsverfahren:

- lineare Abschreibung,
- degressive Abschreibung,
- Leistungsabschreibung,
- progressive Abschreibung.

Daneben gibt es noch die außerplanmäßige Abschreibung, die aus dem Niederstwertprinzip resultiert.

Für die Kostenrechnung ist nur die kalkulatorische Abschreibung relevant. Nach US-GAAP werden im Umsatzkostenverfahren jedoch nur die bilanziellen Abschreibungen berücksichtigt.

Abweichungen

Abweichungen sind Differenzen zwischen einer Plangröße (eventuell Sollgröße) und einer Ist- Größe und daher Anlass für Führungskräfte, über mögliche Steuerungsmaßnahmen nachzudenken und solche auch einzuleiten. Mit Hilfe der Abweichungsanalyse werden die Ursachen einer positiven oder negativen Plan-Ist-, bzw. Soll-Ist-Abweichung ermittelt.

Für die Arbeit des Controllers sind alle Abweichungen relevant, sowohl diejenigen, die sich im finanzwirtschaftlichen Bereich ergeben als auch solche, die aus reinen Leistungsvergleichen oder durch die Marktbeobachtung entstehen.

Arbeitsplan(work plan)

Der Arbeitsplan ist die Vorgabe für den Herstellprozess eines Produktes oder einer Dienstleistung (z.B. in der öffentlichen Verwaltung). Im Arbeitsplan werden die verschiedenen Arbeitsgänge in der richtigen Reihenfolge ihrer Durchführung aufgelistet, wobei für jeden Arbeitsgang angegeben wird, in welcher Kostenstelle er auszuführen ist und welche Vorgabeleistung (Vorgabezeit) dafür vorgesehen ist. Der Arbeitsplan ist somit die Basis für die Kalkulation der Fertigungskosten. Die mit dem proportionalen Kostensatz bewerteten Arbeitsplanpositionen führen zu den proportionalen Fertigungskosten.

B

Beeinflussbare Kosten

Beeinflussbare Kosten sind Kosten, für die der Leiter einer Organisationseinheit (Profit Center, Service Center, Kostenstelle) direkte Verantwortung trägt, weil er sie auch selbständig, durch seinen eigenen Willensprozess, beeinflussen kann. Hierzu gehören diejenigen Kostenarten einer Kostenstelle, die dieser eindeutig und ohne Umlagen zugeordnet werden können. Die wichtigsten beeinflussbaren Kostenarten sind: Personalkosten aller Art, Reparatur- und Unterhaltskosten, Hilfs –und Betriebsstoffe, soweit deren Verbrauch durch Aufschreibung gemessen wird, sowie übrige Gemeinkosten.

Benchmarking

Unter Benchmarking wird ein kontinuierlicher Prozess verstanden, bei dem Produkte und Dienstleistungen (ferner alle möglichen Objekte), der eigenen Unternehmung mit denen des stärksten Mitbewerbers, gemessen und miteinander verglichen werden. Insbesondere wird dieser Prozess mit weltweit führenden Unternehmen durchgeführt. (Quelle: Jahns 2003, Seite 2)

Benchmarking ist also keineswegs eine einmalige Wettbewerbsanalyse bzw. Stärken-Schwächen-Analyse mit anschließendem Vergleich. Solche Verfahren besitzen zumeist einen hohen Kostenfaktor, wenn anschließend die Ergebnisse nicht implementiert werden. Vielmehr ist Benchmarking ein kontinuierliches Verbesserungssystem, das direkt in die Unternehmung implementiert wird. Mit ihm verfügt das Management über ein Instrument, mit dem die Unternehmensziele und -aktivitäten im ständigen Vergleich an die veränderten Kundenbedürfnisse angepasst werden können. (Quelle: Kempf 1995, Seite 125)

Benchmarking ist heutzutage wichtiger als je zuvor, denn von Tag zu Tag verschärfen sich diverse Marktbedingungen. Mithilfe von Benchmarking können Unternehmungen wettbewerbs- und überlebensfähig bleiben. (Quelle: Töpfer 1997, Seite 31)

Der Prozess des Benchmarkings kann in 7 Schritten dargestellt werden:

- Stärken-Schwächen-Analyse der eigenen Unternehmung
- Analyse des dringendsten Handlungsbedarfs und der besten Chancen
- Ermittlung des Best-Practice-Unternehmens
- Warum ist diese Unternehmung so gut? Wie war dies möglich?
- Was kann die eigene Unternehmung daraus lernen? Was kann man kopieren?
- Zielabstimmung und Umsetzung
- Erfolgsmessung und Soll-Ist-Vergleich à Prozesswiederholung

(Quelle: Kairies, 2002, S. 130 ff.)

Es kann in 3 Arten des Benchmarkings unterschieden werden:

➢ Beim Schatten-Benchmarking – Vergleich mit der direkten Konkurrenz ohne dass sie es weiß – kann eine vergleichsweise einfache Projizierung auf die eigene Unternehmung vorgenommen werden, da bereits ähnliche Technologien, Betriebsmittel und Arbeitsprozesse verwendet werden. Die Schwierigkeit gestaltet sich hier jedoch in der erschwerten Informationsbeschaffung.

➢ Beim funktionalen Benchmarking, also mit Unternehmungen die in einem bestimmten Objekt (z.B. Prozesse) aber anderer Branche als Weltklasse anerkannt sind, kann der Anwender innovative Praktiken entdecken, da sich der Zugang zu diesen einfach gestaltet. Schwierig ist letztlich der Transfer in eine andere Umgebung.

➢ Beim internen Benchmarking, also mit verschieden Abteilungen/ Standorten, sind die relevanten Daten leicht erhältlich. Jedoch fehlt hier der Blick über den Tellerrand hinaus und innovative Entdeckungen sind selten. Zudem kann sich ein Konkurrenzkampf zwischen den Abteilungen entwickeln. (Quelle: vgl. Jahns, 2003, S. 8)

Benchmarking ist in allen Bereichen anzuwenden; sowohl in der Produktion als auch bei Dienstleistern. (Quelle: vgl. Töpfer, 1997 S. 93-164 und 165-228)

Berichtswesen

Durch das Berichtswesen (auch als Reporting bezeichnet) soll schriftlich, nach Möglichkeit und Bedarf auch mündlich, dargelegt werden, inwiefern einzelne berichtenden Einheiten ihre Ziele erreicht haben, wo sie davon abgewichen sind, was die wichtigsten Gründe dafür sind und mit welchen Korrekturmaßnahmen die Führungskräfte vorsehen, die Abweichungen zu bereinigen. Ein Controlling-taugliches Berichtswesen basiert damit immer auf einer Planungsrechnung, in der die Unternehmensziele in Zahlen umgesetzt sind.

Der wichtigste Vergleich ist der Soll-Ist-Vergleich. Berichtswesen ist somit nicht dazu da, Schuldige zu suchen und die Fehler vorzuhalten. Vielmehr soll es Anregungen geben, wie etwas noch besser umgesetzt werden kann. Zum Vergleich mit dem Ziel gehört die Erwartungsrechnung, die aus der Sicht der jeweils verantwortlichen Führungskräfte aufzeigt, welche Kosten, Erlöse und Leistungen als Folge der Korrekturmaßnahmen bis zum Periodenende (zumeist das Jahresende) zum bisherigen IST zusätzlich zu erwarten sind.

Die jeweilige Ausgestaltung des Berichtswesens hängt von den Organisationsstrukturen und den Abläufen im jeweiligen Unternehmen ab. Es gibt zwar viele Vorlagen für den Aufbau von Kennzahlensystemen, doch richtet sich die letztliche Aufbereitung nach den Bedürfnissen der verantwortlichen Personen im Unternehmen.

Das Berichtswesen umfasst ausgehend von den Daten alle formellen internen und externen Informationen, die in Verantwortlichen für die Erfüllung ihrer Aufgaben zur Verfügung gestellt werden. So ausgelegt ist das Berichtswesen Teil eines Management-Informationssystems.

Beschäftigung

Die Beschäftigung ist eine Maßgröße für die Nutzung der im Unternehmen vorhandenen Kapazitäten zur Leistungserstellung in einem bestimmten Zeitabschnitt, größenmäßig ausgedrückt als Plan-, Normal- oder Ist-Beschäftigung. Je nach Wirtschaftssparte wird die Beschäftigung unterschiedlich ausgedrückt. Im Rahmen der Kostenrechnung versteht man unter Beschäftigung die Leistung einer Kostenstelle, ausgedrückt in Bezugsgrößeneinheiten bzw. Standards of performance (Leistungsarten) der jeweiligen Kostenstelle.

Diese Beschäftigung mit einem Instrument zur Leistungserfassung wird allgemein auch als Betriebsdatenerfassung (BDE) bzw. Verwaltungsdatenerfassung genannt. Sie wird manuell oder elektronisch gemessen. Bei den Strukturkosten besteht die Beschäftigungsbasis in der Zahl der Vorgänge (z.B. Beschäftigung Anzahl Bestellungen, Anzahl Kundenkonten ...) mit der Folge der Leistungsmengenindiziertheit der Strukturkosten.

Beschäftigung ist also die Ausnutzung der betrieblichen Kapazität.

Das Verhältnis zwischen der Beschäftigung (genutzten Kapazität) und der vorhandenen Kapazität wird durch den Beschäftigungsgrad oder Kapazitätsausnutzungsgrad ausgedrückt. Die Beschäftigung ist, wird sie an der Ausbringung gemessen (Beschäftigungsmaßstab), bei gegebener Kapazität der wichtigste Kostenbestimmungsfaktor. Da sich nur sehr selten die Gesamtausbringung für eine Unternehmung angeben lässt, ist es für die Betrachtung der Kosten in Abhängigkeit von der Ausbringung zweckmäßig, die Ausbringung solcher Teilbereiche oder Kostenstellen getrennt voneinander zu ermitteln, die eine homogene oder weitgehend homogene Leistungserstellung aufweisen. Bei betrieblichen Teilbereichen mit homogener Leistungserstellung kann für den Kostenverlauf in Abhängigkeit von der Beschäftigung unmittelbar die Ausbringung als Maßstab verwendet werden (vgl. Optimal-Beschäftigung Normalbeschäftigung, Unterbeschäftigung, Überbeschäftigung).

Die Beschäftigung ist eine Bezeichnung für die Ausnutzung der Kapazität eines Betriebes. Sie kann in Mengeneinheiten oder in Zeiteinheiten gemessen werden.

Bestandsveränderung / Bestandsbewertung

Je nach dem Zweck, dem eine Lager-Bestandsbewertung dient (steuerliche/bilanzielle Bewertung oder betriebswirtschaftliche Analyse), können unterschiedliche Methoden zum Zug kommen. Die Faustregel für die bilanzielle Bestandsbewertung lautet: „Cost or market, whichever is lower". In der Regel werden Lager zum Einstandspreis/volle Herstellungskosten bewertet. Dies kann im Einzelnen geschehen zu:

- Standardpreisen
- gleitenden Durchschnittspreisen
- HIFO (Highest in - First out)
- LOFO (Lowest in - First out)

- FIFO (First in - First out)
- LIFO (Last in - First out)

Für die Bundesrepublik Deutschland gilt mit Einführung des Bilanzrechtsmodernisierungsgesetz (BilMoG) laut HGB nur noch LiFo- und FiFo-Verfahren (vgl. § 256 HGB) erlaubt. Gemäß dem Einkommensrecht ist für die Erstellung der Steuerbilanz nur noch das LiFo-Verfahren zugelassen.

Für die betriebswirtschaftliche Analyse empfiehlt es sich, führungsorientierte Bewertungsmethoden zu verwenden, so beispielsweise: das Standardpreissystem, Bewertung zu geplanten proportionalen oder vollen Herstellungskosten, Bewertung zu innerbetrieblichen Verrechnungspreisen.

Betriebsergebnis (EBIT)

EBIT (das Betriebsergebnis) ist die Abkürzung für „Earnings before Interests and Taxes", d.h. das „Ergebnis vor Zinsen und Steuern". Das "vor" bedeutet, dass die Aufwandsposten Zinsen und Ertragssteuern unberücksichtigt bleiben bzw. dem Gewinn wieder hinzugerechnet werden.

Das EBIT dient v.a. dem internationalen Vergleich der Ertragskraft von Unternehmen (z.B. Tochterunternehmen eines Konzerns), die von der Geschäftstätigkeit her vergleichbar, jedoch unterschiedlich finanziert und aufgrund ihres Unternehmenssitzes in unterschiedlichen Ländern mit unterschiedlichen Steuersätzen belastet sind.

Als Kennzahlen der Gewinn- und Verlustrechnung, die die Ertragskraft und Effizienz eines Unternehmens widerspiegeln sollen, werden häufig das EBIT und das EBT verwendet, obwohl diese Zwischenergebnisse explizit in der Gewinn- und Verlustrechnung nach § 275 HGB nicht enthalten bzw. genannt sind.

Das EBIT stellt die Ausgangsgröße für weitere Verhältniskennzahlen wie die EBIT-Marge oder EBIT-Rendite dar.

Beim „Ergebnis vor Zinsen und Steuern" ist der Begriff "Zinsen" weit auszulegen: er beinhaltet das gesamte Finanzergebnis, d.h. alle Aufwendungen und Erträge aus der Finanzierungstätigkeit bzw. Anlage von liquiden Mitteln.

Das EBIT ergibt sich, indem folgende Teile der GuV unberücksichtigt bleiben bzw. das Jahresergebnis um diese Posten bereinigt bzw. korrigiert wird:

- die Ertragsteuern (z.B. Körperschaftsteuer, Solidaritätszuschlag und Gewerbesteuer),
- das Finanzergebnis und in der Regel auch
- das außerordentliche Ergebnis.

Teilweise werden in das EBIT die Erträge aus Beteiligungen mit einbezogen (d.h. nicht das gesamte Finanzergebnis wird korrigiert).

Insofern sollte bei Vergleichen von Unternehmen auf die jeweilige Definition des EBIT geachtet werden.

Das EBIT entspricht somit im Ergebnis dem handelsrechtlichen Betriebsergebnis.

Betriebsnotwendiges Vermögen

Als betriebsnotwendiges Vermögen bezeichnet man die Aktivseite der Bilanz (Vermögen), bereinigt um alle nicht betriebsnotwendigen – also nicht im Prozess der Leistungserstellung und –verwaltung involvierten – oder betriebsfremden Positionen. Für den Zweck der Unternehmensführung ist das vorhandene produktive Potential, also das Vermögen von Belang und nicht das investierte Kapital (Finanzierungsseite). Ist eine Bilanz bereinigt, so stimmt das betriebsnotwendige Vermögen mit der Bilanzsumme überein.

Bewegungsbilanz / Kapitalflussrechnung

Die Bewegungsbilanz gibt die Veränderung der Bestandskonten zwischen zwei Bilanzstichtagen wieder. Detailliert wird dargestellt, aus welchen Quellen des Unternehmens in der Berichtsperiode Mittel zugeflossen sind (Mittelherkunft) und wofür sie verwendet wurden (Mittelverwendung).

Die Mittelherkunft resultiert aus dem Cash Flow, aus Erhöhung der Schulden (Aufnahme von Fremd- oder Eigenkapital) und Abnahme von Vermögensbeständen (Lagerabbau, Verkauf von Anlagen).

Die Mittelverwendung ergibt sich aus Vermögenszunahmen (Investitionen ins Anlagevermögen, Debitorenwachstum) und Schuldenabnahme (Rückzahlung eines Kredits, Abnahme der Lieferantenverbindlichkeiten).

Entweder stellt man die Bewegungsbilanz in Kontenform dar - dazu lassen sich Schichten bilden z.B. nach Fristigkeiten - oder die Flüsse/ Bewegungen präsentieren sich in der Staffelform. Hier spricht man von der Kapitalflussrechnung.

Bezugsgrößenkalkulation

Bei der Bezugsgrößenkalkulation handelt es sich um ein Kalkulationsverfahren, das als allgemeinste Form der Zuschlagskalkulation bezeichnet werden kann. Hier werden im Gegensatz zur Lohnzuschlagskalkulation insb. die Fertigungsgemeinkosten differenzierter verrechnet.

Als Bezugsgrößen verwendet man möglichst Mengengrößen, wie z.B. Akkordzeiten, Maschinenzeiten, Rüstzeiten, Gewichte etc. Die Fertigungseinzellöhne werden vielfach über die Vorgabezeiten in das Bezugsgrößensystem einbezogen. Die

Bezeichnung Bezugsgrößenkalkulation soll den Unterschied zu den Verfahren der Zuschlagskalkulation anzeigen, die die Gemeinkosten als Zuschläge auf die Einzelkosten(arten), insb. die Lohnkosten, verrechnen. Im genauen Sinne des Wortes sind natürlich alle Zuschlagskalkulationen auch Bezugsgrößenkalkulationen. Sie unterscheiden sich nur in Art und Feinheit der Bezugsgrößen. Das gilt letzten Endes auch für alle Divisionskalkulationen: Bezugsgrößen sind in diesem Fall die Stückzahlen.

Bei der Bezugsgrößenkalkulation wird normalerweise pro Kostenstelle nicht nur ein Zuschlagssatz für alle Gemeinkosten der Stelle verwandt, sondern es werden die Zuschläge innerhalb der Stellen weiter differenziert; man verwendet mehrere Bezugsgrößen für die Gemeinkosten einer Kostenstelle. Beispiele hierfür sind die Unterscheidung der Kalkulationssätze im Materialbereich nach Wert und Menge des Materials oder im Vertriebsbereich nach Produktgruppen und Verkaufsbereichen und insb. im Fertigungsbereich nach Kostenplätzen (Platzkostenrechnung).

Die Bezugsgrößenkalkulation, die auf den Erkenntnissen der neueren Produktions- und Kostentheorie basiert, führt bei intensiver Anwendung in der praktischen Kostenrechnung konsequenterweise zur Grenzkostenrechnung (Voll- und Teilkostenrechnung) und wohl auch zur Plankostenrechnung. Betriebe, die dieses Kalkulationsverfahren - richtig - anwenden, verfügen über ein wertvolles Instrument zur Gestaltung optimaler dispositiver Entscheidungen.

(Quelle: Haberstock, L., Kostenrechnung I, Einführung, 9. Aufl., Hamburg 1993. Haberstock, L., Kostenrechnung II, (Grenz-)Plankostenrechnung, 7. Aufl., Hamburg 1986. Haberstock, L., Grundzüge der Kosten- und Erfolgsrechnung, 4. Aufl., München 1993.)

Break-Even-Analyse

Mithilfe der Break Even-Analyse kann der Punkt aufgezeigt werden, der die Gewinn- von der Verlustzone trennt (Break-Even-Point). Einzige Voraussetzung ist, dass variable und fixe Kosten getrennt erfasst werden (z.B. Deckungsbeitragsrechnung). Zur Ermittlung des Break-Even-Points wird das mathematische und graphische Verfahren herangezogen.

„Wegen des leichteren Verständnisses empfiehlt sich eher die Anwendung des Diagramms."2 Für die Erstellung des Diagramms wird oft die kurzfristige Erfolgsrechnung genutzt. Hier werden Umsatzerlöse, variable Kosten, der Deckungsbeitrag, die fixen Kosten und der Gewinn ermittelt. Zur Erinnerung:

Deckungsbeitrag	=	Umsatzerlöse	-	var. Kosten
Betriebsergebnis	=	Deckungsbeitrag	-	fix. Kosten

Nun werden die fixen Kosten (parallele Linie zur x-Achse), die Umsatzerlöslinie und die Gesamtkostenlinie (Fixkosten + variable Kosten) in das Preis-Mengen-Diagramm eingetragen. Der Schnittpunkt von der Gesamtkosten- und der Umsatzerlöslinie gibt den Break-Even-Point an. In genau dieser Menge ist der Gewinn Null. Über dieser Menge erreicht das Unternehmen einen positiven Gewinn, darunter Verlust.

Der Break-Even kann in 3 Stufen erreicht werden:

- Bar-Break-Even (out of pocket):
  Die Verkaufserlöse decken alle proportionalen und alle liquiditätswirksamen Strukturkosten.
- Break-Even der Substanzerhaltung
  Die Verkaufserlöse decken ebenso die kalkulatorischen Abschreibungen/Kosten.
- Ziel-Break-Even
  Die Verkaufserlöse decken alle Kosten inklusive dem geplanten Gewinn.

Budgetierung

Im weiteren Sinne wird auch das Wort Budget verwendet, um den rechnerischen Teil der Planung zu kennzeichnen (Planungsrechnung).

Budgetierung im weiteren Sinne sind: die Planbilanz, die Plan-Erfolgsrechnung, der Finanzplan oder das Zahlungsbereitschaftsbudget. Budget bedeutet nicht, dass das Geld auch ausgegeben werden muss, sondern es ist, da es sich ja aus den Unternehmenszielen ableitet, die Leitlinie auf den Weg der Zielsicherung.

C

Cash Flow

Der Cash Flow ist der Überschuss der regelmäßigen betrieblichen Einnahmen über die regelmäßigen laufenden betrieblichen Ausgaben. Er gibt damit das aus der Betriebstätigkeit nachhaltig zu erwirtschaftende Zahlungsmittelreservoir zur Deckung besonderer betrieblicher Ausgaben an.

Hieraus ergibt sich, dass mithilfe des Cash Flow eine Aussage über die Ertrags- und Finanzkraft des Unternehmens gemacht werden kann, die vor allem für Kreditgeber und potentielle Investoren sowie Aktieninhaber von großer Bedeutung sind. Um diese Aussage treffen zu können, müssen alle Positionen, die keinen monetären Wert haben aus dem Jahresüberschuss/Jahresfehlbetrag entfernt werden, da sie in den Betrag mit hinein- bzw. hinausfließen, ohne dass ein tatsächlicher Geldwert eingenommen bzw. ausgegeben worden ist. Dazu gehören z.B. Abschreibungen und Rückstellungen.

Für die Cash-Flow-Berechnungen können zwei grundsätzliche Wege angewandt werden:

- die indirekte Methode
- die direkte Methode

Indirekte Cash Flow-Ermittlung

Um den (Brutto-) Cash Flow auf indirektem Wege zu ermitteln, werden die Positionen, die nicht zahlungswirksam sind, aus dem Jahresüberschuss herausgerechnet. Das Grundschema für die indirekte und häufiger angewendete Berechnung des Cash Flow sieht wie folgt aus:

Jahresüberschuss
- nicht zahlungswirksame Erträge
+ nicht zahlungswirksame Aufwendungen
= Cash Flow

Zu den nicht zahlungswirksamen Aufwendungen zählen z.B.:

- Einstellungen in die Rücklagen
- Erhöhung des Gewinnvortrages
- Abschreibungen
- Erhöhung der Sonderposten mit Rücklageanteil
- Erhöhung der Rückstellungen
- Bestandminderung an fertigen und unfertigen Erzeugnissen
- Periodenfremde und außerordentliche Aufwendungen

Zu den nicht zahlungswirksamen Erträgen zählen z.B.:

Entnahme aus Rücklagen
Minderung des Gewinnvortrages
Zuschreibungen
Auflösung von Wertberichtigungen
Minderung der Sonderposten mit Rücklageanteil
Auflösung von Rückstellungen
Bestandserhöhungen an fertigen und unfertigen Erzeugnissen
Aktivierte Eigenleistungen
Periodenfremde und außerordentliche Erträge

Direkte Cash Flow-Ermittlung

Die direkte Ermittlung des (Brutto-) Cash Flow ergibt sich aus der Differenz aller zahlungswirksamen Erträge und den zahlungswirksamen Aufwendungen.

+ zahlungswirksame Erträge
- zahlungswirksame Aufwendungen
= Cash Flow i.e.S.

Zu den zahlungswirksamen Erträgen zählen z.B.:

- Einzahlungen aus Umsätzen / Forderungen (Cash Flow i.e.S.)
- Sonstige Einzahlungen (Cash Flow i.e.S.)
- Desinvestitionen (CF Investitionstätigkeit)
- Eigenkapitaleinlage (CF Finanzierungstätigkeit)
- Kreditaufnahme (CF Finanzierungstätigkeit)

Zu den zahlungswirksamen Aufwendungen zählen z.B.:

- Auszahlungen für Personal und Verbindlichkeiten (Cash Flow i.e.S.)
- Auszahlungen für Material und Waren und Verbindlichkeiten (Cash Flow i.e.S.)
- Sonstige Auszahlungen (Cash Flow i.e.S.)
- Investitionen (CF Investitionstätigkeit)
- Eigenkapitalentnahme (CF Finanzierungstätigkeit)
- Kredittilgung (CF Finanzierungstätigkeit)

Die direkte Methode wird von den Unternehmen nicht sehr häufig verwendet, ist allerdings eine genauere Aufstellung der Zahlungsströme. Hierbei wird im engeren Sinne der Einzahlungsüberschuss errechnet.

Weitere Arten der Cashflow Berechnung

a) Free Cash Flow

Operativer Cash-Flow abzüglich dem Cash-Flow aus Investitionstätigkeit. Mit den Mitteln aus dem Free Cash-Flow können Unternehmen die Dividenden an die Aktionäre auszahlen oder Aktien zurück kaufen.

b) Discounted Cash Flow Methode

Sie ist eine amerikanische Variante des Ertragswertverfahrens. Die Methode eignet sich vor allem um eine entscheidungsorientierte Unternehmensbewertung vorzunehmen.

c) Cash Flow Return on Investment

Eine Beurteilung des operativen Geschäfts und einzelner Geschäftsbereiche gelingt mithilfe des Cash Flow Return on Investment besser. Sie stellt eine Renditekennzahl dar.

Controller

Controller sind die Dienstleister für die Führungskräfte. Sie betreiben ein Management Service und stellen das betriebswirtschaftliche Instrumentarium für Planung, Soll-Ist-Vergleich und Erwartungsrechnungen bereit. Controller sorgen für Kosten- und Ergebnistransparenz in allen Führungsstufen. Sie achten darauf, dass die von ihnen entwickelten und betreuten Systeme führungs- und damit Controlling-gerecht sind, d.h. insbesondere, dass sie ihre Systeme ziel-, entscheidungs- und verantwortungsgerecht aufbauen.
Controllership ist ein Sammelbegriff für die komplette Tätigkeit der Controller.

Das Controller-Leitbild welches durch die „IGC Group of Controlling" definiert wurde lautet:
„*Controller leisten begleitenden betriebswirtschaftlichen Service für das Management zur zielorientierten Planung und Steuerung*"
Hieraus ergibt sich:
- Controller sorgen für Ergebnis-, Finanz-, Prozess- und Strategietransparenz und tragen somit zu höherer Wirtschaftlichkeit bei.
- Controller koordinieren Teilziele und Teilpläne ganzheitlich und organisieren unternehmensübergreifend zukunftsorientiertes Berichtswesen.
- Controller moderieren den Controlling-Prozess so, dass jeder Entscheidungsträger zielorientiert handeln kann.
- Controller sichern die dazu erforderlichen Daten- und Informationsversorgung.
- Controller gestalten und pflegen die Controlling Systeme.
Controller sind die internen betriebswirtschaftlichen Berater aller Entscheidungsträger und wirken als Navigator zu Zielerreichung.
Die Verantwortung ergibt sich aus diesen Aufgaben.

Controllerorganisation

Controller sorgen dafür, dass Führungskräfte Controlling betreiben. Es sollte daher keine Abteilung geben, die „Controlling" heißt, da so bei Führungskräften den Eindruck entsteht, die Controller würden den Managern die Controllingaufgabe abnehmen.

Als treffende Bezeichnungen für Abteilungen, in denen Controller arbeiten, haben sich folgende erwiesen: Controllerdienst, Control, Management-Service, betriebswirtschaftliche Abteilung.

Die von Controllern abzudeckenden Arbeitsgebiete sind so umfangreich, dass sich schon in mittleren Unternehmen eine Dezentralisierung der Controlleraufgaben und eine entsprechende Spezialisierung der Controller aufdrängen. Dies folgt der anwenderorientierten situativen internen Beratung. Beispiele für dezentral eingesetzte Controller sind:

Beteiligungs-Controller
Marketing- und Vertriebs-Controller
Werks-Controller
Logistik-Controller
Forschungs- und Entwicklungs-Controller

Dezentrale Controller sind in der Regel disziplinarisch ihrem lokalen Vorgesetzten zugeordnet und über eine dotted Line (unterbrochene Linie im Organisationsplan) mit dem zentralen Controllerdienst verbunden. Diese zeigt die fachliche Weisungsbefugnis des obersten zentralen Controllers eines Unternehmens an. Dezentrale Controller werden wegen ihrer Spezialisierung auch als Bindestrich-Controller bezeichnet.

Weil Controller grundlegende Verantwortungen über das gesamte Unternehmen hinweg tragen, hat es sich zum Zwecke der Durchsetzungsfähigkeit bewährt, die oberste Controllerperson eines Unternehmens in die Geschäftsleitung einzugliedern. In größeren englischsprachigen Unternehmen übernimmt diese Funktion üblicherweise der Chief Financial Officer CFO, der zugleich Chef der Controller und der Treasurer ist.

Controlling

Controlling ist ein Teilbereich des unternehmerischen Führungssystems, dessen Hauptaufgabe die Planung, Steuerung und Kontrolle aller Unternehmensbereiche ist. Im Controlling laufen die Daten des Rechnungswesen und anderer Quellen zusammen.

Controlling soll in diesem Sinne eine betriebswirtschaftliche Transparenzfunktion erfüllen. „Betriebswirtschaftlich" wird dabei im Sinne von „(erfolgs-)zielorientiert" bzw. „ergebnisbezogen" verstanden. Konkret handelt es sich bei den zu liefernden Informationen insbesondere um Kosten und Erlöse, also um Rechengrößen, die aus dem internen Rechnungswesen stammen. Von der Kosten- und Leistungsrechnung unterscheidet sich das Controlling insbesondere durch den Verwendungsbezug der Informationen: Während das interne Rechnungswesen darauf ausgerichtet ist, bspw. die richtigen Kosten einer Kostenstelle oder das richtige Ergebnis eines Produkts zu ermitteln, zielt das Controlling dieser Auffassung zu Folge darauf ab, dass mit diesen Informationen die richtigen unternehmerischen Entscheidungen getroffen werden.

Das zeitlich gesehen folgende, zweite Grundverständnis des Controllings bezieht sich ebenfalls auf Tätigkeiten im Bereich der Führung, die zuvor an anderer Stelle des betriebswirtschaftlichen Lehrgebäudes bereits diskutiert wurden. Hiernach hat das Controlling die Aufgabe, die zielbezogene, erfolgsorientierte Steuerung des Unternehmens wahrzunehmen. Dem Controlling geht es dann um die systematische Festlegung und Zuordnung („Herunterbrechen") der zu verfolgenden Ziele, die Messung ihrer Erreichung, die Feststellung von Soll-Ist-Abweichungen und die Erarbeitung von Maßnahmen zu deren Beseitigung. Mit anderen Worten zielt Controlling auf eine Führung des Unternehmens durch und mit Hilfe von Planung und daraus resultierenden Plänen ab. Letztere durchziehen das gesamte Unternehmen, von der strategischen bis zur operativen Planung. Controlling in diesem Sinne lässt sich auch als ein kybernetischer Prozess verstehen, der mit dem Regelkreis aus Planung und Kontrolle veranschaulicht wird.

Dieses zweite Grundverständnis des Controllings baut auf dem ersten auf: In diesem Sinne „planvoll" kann nur derjenige vorgehen, der die zur Planung der Ergebnisse erforderlichen Informationen besitzt und zur Kontrolle mit den benötigten Ist-Daten versorgt wird. Planung im Sinne des Controllings heißt stets auch Rechnung; zum Rechnen werden Zahlenwerte benötigt.

In dem Streben, dem Controlling eine eigenständige Funktion zuzuweisen, ist das koordinationsbezogene Grundverständnis des Controllings entstanden. Dieses sah zunächst vor, das Planungs- und Kontroll- sowie das Informationssystem miteinander zu koordinieren. Nicht die Planung, Informationsversorgung und Kontrolle selbst, sondern ihre Koordination macht danach das Besondere des Controllings aus. Diese Perspektive wurde später inhaltlich erweitert um andere Teilsysteme der Führung, speziell um das Organisations- und das Personalführungssystem. Damit wird dem Controlling die Aufgabe übertragen, das gesamte Führungssystem zu koordinieren.

Nach einem vierten Begriffsverständnis hat Controlling die Aufgabe, die Rationalität der Führung zu sichern. Damit wird eine andere Abgrenzung zu bekannten Führungsfunktionen gewählt: Nicht die Funktion als solche (z.B. Planung oder Informationsversorgung), sondern der damit verbundene Zweck (Gewährleistung von Führungsqualität) macht den Kern des Controllings aus. Dieses Begriffsverständnis weicht auch in seinen Grundannahmen deutlich von den anderen Auffassungen ab. Rationalitätssicherung setzt voraus, dass es überhaupt zu Rationalitätsdefiziten kommt. Solche sind in den anderen Controlling-Auffassungen nicht vorgesehen; ihnen liegt implizit das Bild des homo oeconomicus zugrunde. Die Sicht des Controllings als Rationalitätssicherung geht dagegen explizit von kognitiv begrenzten und potenziell opportunistisch handelnden Menschen aus, ein Bild, das der Realität oftmals sehr viel näher kommt als die Annahme des homo oeconomicus. Die neueste Controlling-Auffassung ist damit als verhaltensorientiert einzuordnen.

Controlling Kalender

Ein Controlling Kalender ist der Zeitplan, der die verschiedenen innerhalb eines Planungs- und Kontrollsystems anfallenden Arbeiten terminiert. Er dient der inhaltlichen und zeitlichen Plankoordination.

Cost Center, Profit und Service Center

Ein Cost Center ist ein in sich abgeschlossener, organisatorisch und eigenverantwortlich–autonomer Teilbereich eines Unternehmens, der im Gegensatz zu einem Profit Center aber keinen Zugang zum Markt hat. Dementsprechend kann in einem Cost Center auch kein Gewinnziel gesteckt werden, da ja keine Erlöse aus der Markttätigkeit anfallen. Mit einem Cost Center-Manager wird daher nicht ein Gewinn- oder Deckungsbeitragsziel vereinbart, sondern ein Kosteneinhaltungsziel gemäß dem Wirtschaftlichkeitsprinzip vereinbart (Kostenstellenplan oder Budget).

Unter einem Profit Center versteht man eine Organisationseinheit, die selbständig und selbstverantwortlich nach Gewinn (z.B. Return of Investment) strebt. Ein vollständig ausgestattetes Profit Center verfügt über eine eigene Verkaufs- und Vertriebsorganisation, eine eigene Produktion und eine eigene Beschaffung, kann aber nicht eigenständig über das Investitionsprogramm entscheiden. Die reine Profit Center-Form ist eher selten anzutreffen. Vielmehr werden Organisationsteile als Profit Center eingerichtet, die unter einheitlicher Führung selbstverantwortlich am Markt auftreten können, aber nicht über alle genannten Funktionen verfügen. Als Zielgröße bieten sich in solchen Fällen Deckungsbeitragsvolumen nach Abzug aller einem Profit Center eindeutig zuordenbaren Kosten an. Konstitutiv für die Gestaltung eines Profit Centers ist auf jeden Fall der direkte Marktzugang.

Ein Service Center ist eine unternehmensinterne Organisationseinheit, die gegen Verrechnung Leistungen an andere Kostenstellen abgibt. Damit will man den Unternehmensgedanken innerhalb des Unternehmens verankern. Ein Service Center soll sein Angebot nach der innerbetrieblichen Nachfrage ausrichten und seine Preise mit denjenigen äquivalenter Marktleistungen vergleichen. Dabei ist das Ziel, seine gesamten Kosten an die internen Abnehmer betasten zu können. Sind aber die vom Service Center angebotenen Leistungen nicht direkt mit von außen beschaffbaren Leistungen vergleichbar, ergibt sich das Problem der Kostenverrechnung.

D

Deckungsbeitrag

Der Deckungsbeitrag ist der Überschuss des Erlöses aus dem Verkauf eines Gutes. Deckungsbeitrag deshalb, weil er zu Deckung der Kosten beiträgt, die dem Produkt nicht eindeutig und direkt zugeordnet werden können.

Der Deckungsbeitrag I (DB I) errechnet sich, indem vom Nettoerlös die proportionalen Herstellkosten (Produktkosten) abgezogen werden. Der DB I zeigt an, was das einzelne Produkt zur Deckung der Strukturkosten eines Unternehmens sowie zur Erzielung von Gewinn beitragen. Er ist die maßgebliche Größe für die Produktbeurteilung.

Im Einzel- und Großhandel entspricht der Deckungsbeitrag I der Differenz zwischen dem Nettoverkaufspreis und dem Einstandspreis eines Produktes und wird als Handelsspanne bezeichnet.

Produktbeurteilung mittels Deckungsbeitrag I: Der Deckungsbeitrag pro Einheit ist wichtig, wenn bei einem Kunden oder in einem Marktsegment ein mengenmäßiger Engpass besteht. Die Produkte mit dem größten Deckungsbeitrag I je Einheit sind dann förderungswürdig.

Der DB I in Prozent des Umsatzes (DBU) ist die wesentliche Kennzahl, wenn der Engpass, der Umsatz des Kunden, das Marktvolumen oder der Marktsättigungsgrad sind. Sie wird auch mit Deckungsbeitragsuntergrenze (DBU) bezeichnet und zeigt an, welche Produkte den relativ größten Beitrag zum Erfolg erbringen.

Der Deckungsbeitrag I pro Bezugsgrößeneinheit einer Kostenstelle ist dann relevant, wenn die verfügbare Kapazität dieser Kostenstelle den Engpass bildet.

Der DB I pro Materialeinsatzeinheit (Stück, Laufmeter, Kilogramm etc.) kommt in solchen Fällen dann zum Einsatz, wenn das Ergebnis mit beschränkt verfügbaren Materialarten maximiert werden soll.

Bestehen gleichzeitig mehrere Engpässe, die sich gegenseitig beschränken, entstehen Optimierungsfragen, die mit den Methoden der linearen Programmierung zu lösen sind.

Deckungsbeitragsrechnung

Die Deckungsbeitragsrechnung hat ihren Ursprung in den dreißiger Jahren. In den USA entwickelte sich die Erkenntnis, dass der Periodenerfolg nicht nur von den Verkaufsanstrengungen auf dem Markt, sondern auch von der Produktionsmenge abhängt. Grund ist der Fixkostenanteil in den Lagerbeständen. (1) Wie der Name sagt, sind diese Kosten fix. Erhöht sich nun c.p. die Produktionsmenge fällt der relative Fixkostenanteil pro Stück und der Periodenerfolg steigt.

I. Fixkostenarten:

- Produkt fixe Kosten – z.B. Lizenzgebühren
- Fixkosten einer Produktgruppe – z.B. Kosten des Lagers für diese Gruppe
- Fixkosten einer Erzeugnis Sparte – z.B. Gehalt des Spartenleiters (2)

Ursprünglich stellt der Deckungsbeitrag (DB) somit die Differenz aus Erlös und variablen Kosten dar. Es wird in stück- und erzeugnisbezogenen DB unterschieden. Der Stückdeckungsbeitrag (db) stellt die Differenz aus Stückpreis (P) und den variablen Stückkosten (kvar) dar.

db= P – kvar

Der Gesamtdeckungsbeitrag (DB) (Summe alle verkauften Erzeugnisse) stellt somit die Differenz aus dem Gesamterlös eines Erzeugnisses (E) und den dazugehörigen gesamten variablen Kosten (Kvar) dar.

DB= E – Kvar   ferner   DB = d * x   (x = Menge)

II. Einfache Deckungsbeitragsrechnung (Direct Costing)

Hierbei werden lediglich die gesamten Fixkosten vom Gesamtdeckungsbeitrag abgezogen. Eine Differenzierung erfolgt nicht, da die Fixkosten als kurzfristig nicht beeinflussbar gelten. (4)

Die variablen Kosten einzelner Kostenstellen/-träger werden von den Umsatzerlösen abgezogen. So werden die Deckungsbeiträge jeder Kostenstelle/-träger ermittelt.

Um das Betriebsergebnis zu erhalten, werden die fixen Kosten vom Deckungsbeitrag (DB) abgezogen. Sind die Deckungsbeiträge nun größer als die fixen Kosten, erzielt die Unternehmung einen Gewinn.

>   Umsatzerlöse
>   - variable Kosten der Erzeugnisse
>   --
>   = Deckungsbeitrag
>   - gesamte fixe Kosten der zu ermittelnden Periode
>   --
>   = Betriebsergebnis

III.   Mehrstufige Deckungsbeitragsrechnung

In der deutschen Wirtschaft erhöhen sich durch hohe Investitionen in Anlagen und Maschinen die fixen Kosten. In der einstufigen Deckungsbeitragsrechnung wurden diese als Block behandelt. Um dieser Intransparenz aus dem Weg zu gehen, wurde von Agthe die stufenweise Fixkostendeckungsrechnung entwickelt.
Hierbei werden die entstandenen Fixkosten in einzelne Teilblöcke untergliedert. Dazu werden Bezugsgrößen definiert, denen sich die Fixkosten direkt zurechnen lassen. Dazu wird eine Unterscheidung der Fixkosten vorgenommen. Unter produktfixen Kosten werden diejenigen verstanden, die genau einem Produkt zugeordnet werden können (z.B. Maschine in der Produkt A gefertigt wird). Fixe Kosten die zumindest einem Unternehmensbereich, z.B. einer Produktgruppe, zugeordnet werden können, werden als bereichsfixe (produktgruppenfixe) Kosten bezeichnet. Allgemeine Fixkosten, oder auch unternehmensfixe Kosten genannt, können weder dem Produkt noch der Produktgruppe eines Bereichs zugeordnet werden (z.B. Gehälter der Verwaltungsmitarbeiter).

IV.   Welche Aussagen trifft die Deckungsbeitragsrechnung:

Auf welche Produkte (-gruppen) sollte sich der Betrieb am Meisten konzentrieren?
Welche Produkte sind unwirtschaftlich?
Was ist die absolute Preisuntergrenze? (variable Kosten gerade so gedeckt)
Selber produzieren, oder beim Lieferanten bestellen?
Zusatzaufträge annehmen?
Wann wird die Gewinnschwelle erreicht → Produktionsplanung, Absatzplanung

V.   Zusammenfassung

Die Deckungsbeitragsrechnung ist sehr gut geeignet, um für einzelne Produkte bzw. Produktgruppe den Betrag zu ermitteln, den diese zum Betriebsergebnis beitragen. Weiterhin gibt die Deckungsbeitragsrechnung Auskunft über die Kostenstruktur im Unternehmen und wie diese aufgegliedert wird. Somit kann der Controller mithilfe der Deckungsbeitragsrechnung Vorschläge erarbeiten, die eine effizientere Produktion ermöglichen.

Ein Produkt z.B., aufgrund eines negativen Deckungsbeitrags III aus dem Sortiment zu entfernen, obwohl die variablen und fixen Kosten des Produktes vollständig gedeckt waren, kann sich negativ auf das gesamte Unternehmensergebnis auswirken. Die Deckungsbeiträge, die das Produkt bisher erzielt hat, würden zur Deckung der bereichsfixen Kosten fehlen und müssten von anderen Produkten mitgetragen werden. Das Betriebsergebnis würde sinken. Produkte, die keinen positiven Deckungsbeitrag I erzielen – also noch nicht einmal die variablen Kosten decken – könnten jedoch für eine Streichung aus dem Sortiment in Erwägung gezogen werden. Das Betriebsergebnis könnte dadurch zunehmen.

Jedoch sollte beachtet werden, dass die Deckungsbeitragsrechnung als alleiniges Entscheidungskriterium für eine Sortimentsentscheidung nicht ausreichend sein kann. So können Entscheidungen, die nur aufgrund des Deckungsbeitrages eines Produktes getroffen wurden, zu einem Rückgang des Betriebsergebnisses führen. So Können Produkte die noch nicht einmal die variablen Kosten decken (negativer Deckungsbeitrag I) – also eigentlich aus dem Sortiment entfernt werden sollten – positive Auswirkungen auf die Absatzzahlen anderer Produkte des Sortiments haben (z.B. Drucker hat negativen Deckungsbeitrag I, Druckpatronen liefern jedoch hohe Deckungsbeiträge).

Würde das Produkt mit dem negativen Deckungsbeitrag I aus dem Sortiment entfernt werden, könnten in Folge andere Produkte, die zuvor sehr hohe Deckungsbeiträge erwirtschaftet haben, schlechter abschneiden. Zu beachten ist auch, inwieweit evtl. kurzfristig stärkere Marketingaktivitäten ein Produkt oder eine Produktgruppe zusätzlich belastet haben. Werden derartige kurzfristige Effekte nicht beachtet, könnten Fehlentscheidungen die Folge sein.

E

Einzelkosten

Einzelkosten bezeichnen Kosten, welche abhängig von der Ausbringungsmenge eines Produktes sind. Für jede Einheit eines Produktes fallen bestimmte Kosten an. Diese sind direkt auf das Produkt anrechenbar.

Die Einzelkosten -die auch direkte Kosten genannt werden- können dem Kostenträger unmittelbar zugerechnet werden. Bei der Zurechnung von Einzelkosten auf Kostenträger bleibt das Kostenverursachungsprinzip voll gewahrt.

Einzelkosten sind Kosten, die einer Bezugsgröße direkt zugerechnet werden können. Bezugsgrößen sind häufig die Endprodukte als Kostenträger, es kommen aber auch z.B. Produktgruppen, Kostenstellen, Kostenbereiche, Prozesse etc. in Betracht.

Die Einzelkosten können eingeteilt werden in:
- I. Fertigungslohnkosten
- II. Fertigungsmaterialkosten
- III. Sondereinzelkosten des Vertriebs (z.B. Provisionen)
- IV. Sondereinzelkosten der Fertigung (z.B. Modellkosten).

Die Einzelkosten haben in der Regel den Charakter von proportionalen Kosten. Die Erfassung der Fertigungslohnkosten bzw. Fertigungsmaterialkosten erfolgt durch sogenannte Lohnscheine bzw. Materialentnahmescheine. Diese Belege tragen die Nummer des betreffenden Kostenträgers, so dass formal die richtige Zurechnung der Einzelkosten gewährleistet ist.

Die Erfassung der Sondereinzelkosten des Vertriebs und der Fertigung ist ebenfalls unproblematisch, denn auch hier werden die notwendigen Aufwendungen auf Belegen erfasst, die die Nummer des Kostenträgers tragen. Gegenteil sind Gemeinkosten.

Gelegentlich wird auch von Einzelkosten bezüglich von Kostenstellen gesprochen. Es sind dann Kosten, die direkt und verursachungsgerecht den einzelnen Kostenstellen zugerechnet werden können, sog. Kostenstelleneinzelkosten. Das Gegenteil hierzu sind die Kostenstellengemeinkosten.

Ein Beispiel für Einzelkosten sind Materialkosten und Akkordlöhne.

Das Gegenteil von Einzelkosten stellen die Gemeinkosten dar.

Einzelkosten können mittels Beleg einem bestimmten Bezugsobjekt zugeordnet (dahin kontiert) werden.

Die Bezugsobjekte richten sich je nach dem Auswertungszweck: Produkte, Dienstleistungen, Aufträge, Kostenträger, Projekte, Profit Center, Sparten, Kostenstellen (Abteilungen, Regionen, Niederlassungen).

Die Kostenerfassung sollte so organisiert werden, dass für sämtliche zu belastenden Kostenelemente klare Belege und eine eindeutige Kontierung bestehen. Die Einhaltung dieser Regel ist die Voraussetzung für eine verantwortungsgemäße Kostenrechnung.

Einzelkosten lassen sich direkt, also verursachungsgerecht, den einzelnen Produkten oder Kostenträgern zurechnen. Das Gegenstück zu den Einzelkosten sind Gemeinkosten, also solche Kosten, die nicht einem Produkt direkt zurechenbar sind.

Teilt man die Kosten nach dem Kriterium der Zurechenbarkeit zu einem bestimmten Bezugsobjekt ein, so unterscheidet man Einzelkosten und Gemeinkosten.

Einzelkosten sind solche Kosten, die einem bestimmten Bezugsobjekt ohne Schlüssel, also verursachungsgerecht (direkt) zugerechnet werden können (Kostenverteilungsprinzipien).

Problemstellung: Das Bezugsobjekt für die Kostenzurechnung ist meist die erzeugte Leistungseinheit, der Kostenträger. In neuerer Zeit berücksichtigt man über die Kostenträger hinaus noch weitere mögliche Bezugsobjekte, insbesondere die Kostenstellen. Es ist demnach zu unterscheiden zwischen

- Kostenträgereinzelkosten (sind den produzierten Leistungseinheiten direkt zurechenbar) und
- Kostenstelleneinzelkosten (sind den betrieblichen Kostenstellen direkt zurechenbar).

Bei der Zurechnung von Einzelkosten auf Kostenträger ist das Kostenverursachungsprinzip voll gewahrt. Die Einzelkosten können eingeteilt werden in:

I.   Fertigungslohnkosten
II. Fertigungsmaterialkosten
III. Sondereinzelkosten des Vertriebs (z.B. Provisionen)
IV. Sondereinzelkosten der Fertigung (z.B. Modellkosten).

Die Einzelkosten haben in der Regel den Charakter von proportionalen Kosten. Die Erfassung der Fertigungslohnkosten bzw. Fertigungsmaterialkosten erfolgt durch sogenannte Lohnscheine bzw. Materialentnahmescheine. Diese Belege tragen die Nummer des betreffenden Kostenträgers, so dass formal die richtige Zurechnung der Einzelkosten gewährleistet ist. Die Erfassung der Sondereinzelkosten des Vertriebs und der Fertigung ist ebenfalls unproblematisch, denn auch hier werden die notwendigen Aufwendungen auf Belegen erfasst, die die Nummer des Kostenträgers tragen. Gegensatz Gemeinkosten. Gelegentlich wird auch von Einzelkosten bezüglich von Kostenstellen gesprochen. Es sind dann Kosten, die direkt und verursachungsgerecht den einzelnen Kostenstellen zugerechnet werden können (Kostenstelleneinzelkosten). Gegensatz hierzu Kostenstellengemeinkosten.

Einzelkosten sind im Gegensatz zu den Gemeinkosten solche Kosten, die den Kostenträgern oder Kostenstellen unmittelbar oder direkt zugerechnet werden können. Zu den Einzelkosten der Fertigung gehören Fertigungsmaterial, Fertigungslohn in Form des Akkordlohnes oder des Prämienlohnes und Sondereinzelkosten.

Die Einzelkosten sind zwar stets auch variable Kosten; die Einzelkosten und die Gemeinkosten sind jedoch nicht mit den variablen bzw. fixen Kosten identisch.

Eine Gliederung der Kosten nach der Form ihrer Zurechnung auf einzelne Zurechnungs- oder Bezugsobjekte (wie Kostenstellen, Kostenträger, Perioden) gemäß dem Kostenverursachungs- oder Kosteneinwirkungsprinzip (Kostenzurechnungsprinzipien) führt zu den zwei Kostenkategorien der Einzelkosten und Gemeinkosten.

Soweit Einzelkosten je Mengeneinheit erstellter Produktarten anfallen, handelt es sich um proportionale Kosten. Als Einzelkosten lassen sich vielfach Materialkosten, die auch Fertigungsmaterial heißen, und Lohnkosten (Akkordlohn), die Fertigungslohn genannt werden, erfassen. Weiterhin unterscheidet man Sondereinzelkosten der Fertigung (z. B. Modellkosten für alle Mengeneinheiten einer Produktart) und Sondereinzelkosten des Vertriebs (z. B. Stückprovisionen). Die auf genau ein Bezugsobjekt mit Hilfe des sogenannten Identitätsprinzips direkt zurechenbaren und direkt zugerechneten Kosten (Ausgaben) werden als relative Einzelkosten bezeichnet. Die wesentlichen Unterschiede zwischen den Einzelkosten und den relativen Einzelkosten resultieren aus den jeweils verwendeten, vielfach als nicht identisch angesehenen Kostenzurechnungsprinzipien.

Entscheidungsrechnung

Entscheidungsrechnungen sind Rechnungen, die zur Vorbereitung von Managemententscheidungen erstellt werden, bezeichnet man als Entscheidungsrechnungen. Von zentraler Bedeutung für die Qualität derartiger Entscheidungsrechnungen ist, dass dafür nur Kosten-, Erlös- und Mengengrößen herangezogen werden, die durch die zu treffende Entscheidung wirklich und direkt verändert werden. Es gilt also herauszufinden, welche Kosten durch die jeweilige Entscheidung dazukommen werden, bzw. welche wegfallen werden und/oder welche Erlöse durch dieselbe Entscheidung dazukommen oder wegfallen werden. Entscheidungsrelevant sind somit immer Differenzen zur Ausgangssituation, d.h. Erlös- oder Kostenelemente die gerade durch diese Entscheidung verändert werden. Durch Änderungen in den Verkäufen kommen zusätzliche Erlöse, eventuell aber auch zusätzliche Erlösschmälerungen (Rabatte, Boni, Provisionen) dazu. Bei den Kosten kommen einerseits bei Mengenänderungen Kosten dazu oder fallen weg, andererseits ändern sich die Kosten bei Anpassungen der Strukturen des

Unternehmens. Bei Mengenänderungen fallen daher zusätzliche proportionale Kosten an (oder weg), während bei Strukturanpassungen Strukturkostenblöcke auf- oder abgebaut werden. Aus dieser Grunderkenntnis kann man schließen, dass geschlüsselte Strukturkosten in keinem Fall entscheidungsrelevant sind.

Erfahrungskurve / Learning Curve

Das Prinzip der Erfahrungskurve beschreibt den Sachverhalt der fallenden realen Stückkosten im Zusammenhang mit der gesamten Produktionsmenge eines bestimmten Zeitraumes. So bringt jede Verdopplung der kumulierten Produktionsmenge einen Abfall der Stückkosten um einen bestimmten Prozentsatz. Dieser liegt zumeist bei 20-30%. Damit wird die funktionale Abhängigkeit der Stückkosten von der schon erzielten Produktionserfahrung wiedergegeben. Ursprünglich aus der reinen industriellen Produktion hergeleitet, lassen sich die Hypothesen gleichsam auch auf weitere Bereiche wie z.B. Beschaffung, Fertigung oder Absatz eines Produktes anwenden.

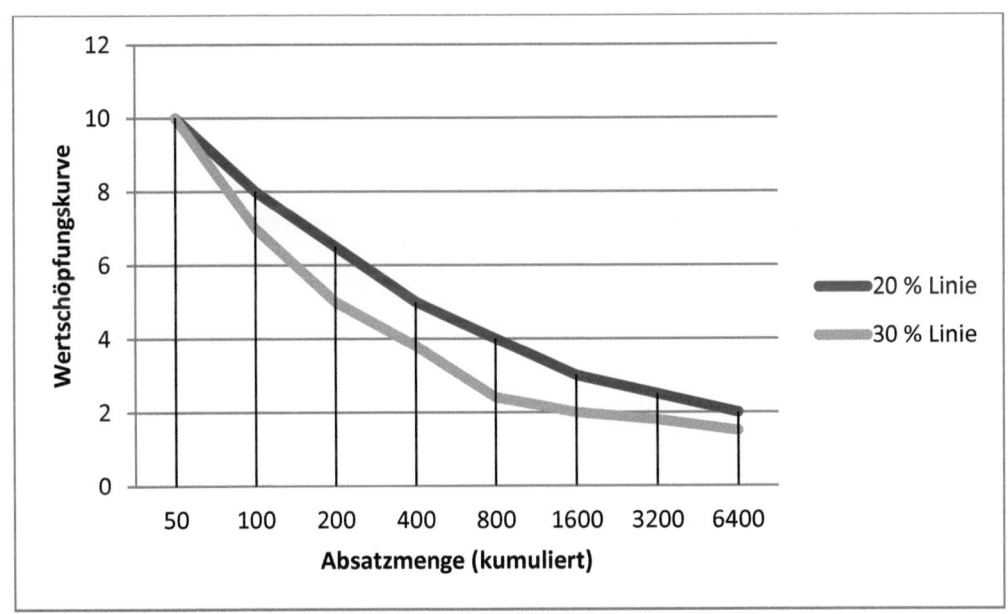

Diese Verringerung kann verschiedene Ursachen haben:

- geringere Fertigungszeiten aufgrund des Lerneffekts → niedrigere Lohnkosten je Einheit
- Rationalisierungsmaßnahmen

- Fixkostendegression (siehe Teilkostenrechnung) aufgrund der erhöhten Auslastung der Kapazitäten
- günstigere Produktions- und Prozessstrukturen
- Preisnachlässe für Inputgüter
- Innovationen/Verbesserungen der allgemeinen Strukturen
- externe Lerneinflüsse durch zusätzlich generiertes Wissen (z.B. durch Beratung oder Zusammenarbeit)

Das Management kann solche Degressionseffekte bei der Planung von Produktionsprozessen nutzen und damit die Stückkostenentwicklung grob voraussagen. Da allerdings die konkreten Einflüsse schwer ermittelbar sind und nicht kontinuierlich auftreten, ist lediglich ein Trend der wahrscheinlichen Entwicklung zu ermitteln, nicht jedoch exakte Werte.

Im Allgemeinen dient das Konzept der Erfahrungskurve somit der Preis- und Investitionspolitik eines Unternehmens. Informationen über die Kosten können dabei intern bereitgestellt werden und bei der strategischen Planung Berücksichtigung finden.

Erfolgspotentiale

Kritische Erfolgsfaktoren sind jene Variablen, deren Ausprägung den Markterfolg wesentlich bestimmt, auf die es ankommt, wenn man im Branchenwettbewerb erfolgreich sein möchte. Sie werden aus der Branchen- und Wettbewerbsanalyse sowie aus Marktstudien, Kundenbefragungen und Datenbanken, etc. abgeleitet. Erfolgspotentiale sind die Stärken eines Unternehmens, die zugleich kritische Erfolgsfaktoren sind. Es handelt sich um die Summe aller produkt- und marktspezifisch erfolgsrelevanten Voraussetzungen (insbesondere Fähigkeiten und Kernkompetenzen), die vor dem Zeitpunkt der Erfolgsrealisierung vorhanden sein müssen. Dabei stehen der Aufbau und die Erhaltung von Marktpositionen - und damit die Schaffung neuer Produkte beziehungsweise Märkte - im Vordergrund.

Erwartungsrechnung

Die Erwartungsrechnung ist ein wesentlicher Bestandteil des Controlling-Berichtswesens. Es ist ein Instrumentarium der dispositiven Planung. Bei der monatlichen Berichterstattung wird z.B. neben dem Soll-Ist-Vergleich und der Abweichung auch das „Voraussichtliche Ist" zum Jahresende ermittelt. Dieses „Voraussichtliche Ist" wird im Rahmen der Erwartungsrechnung errechnet. Es zeigt an, inwieweit das Jahresziel erreicht werden kann auf der Grundlage der bisherigen Entwicklung. Der Vergleich des Jahreszieles mit dem voraussichtlichen Ist zum Jahresende zeigt den Abstand, wie weit der derzeitige Stand vom Ziel voraussichtlich entfernt ist. Je nach Größe des Abstandes wird es notwendig sein,

Korrekturmaßnahmen einzuleiten. Dies kann letztlich in der Unternehmenshierarchie bis hin zur Unternehmensspitze zu Krisengesprächen führen. Die Erwartungsrechnung ist somit ein wichtiger Bestandteil des Frühwarnsystems im Controlling. Die Erwartungsrechnung darf auf keinen Fall mit einer Budgetrevision verwechselt werden. Budgetrevisionen sind nur in ganz großen Ausnahmefällen wie etwa bei Konjunktureinbrüchen notwendig und erlaubt. Die Erwartungsrechnung kann monatlich oder auch quartalsweise das voraussichtliche Ist auf Grund der bisherigen Entwicklung aufzeigen. Das voraussichtliche Ist wird dann dem Jahresbudgetziel gegenübergestellt. Das Jahresbudgetziel hat für das Unternehmen den Charakter eines Fahrplans.

F

Feedforward / Regelkreis / Feedback

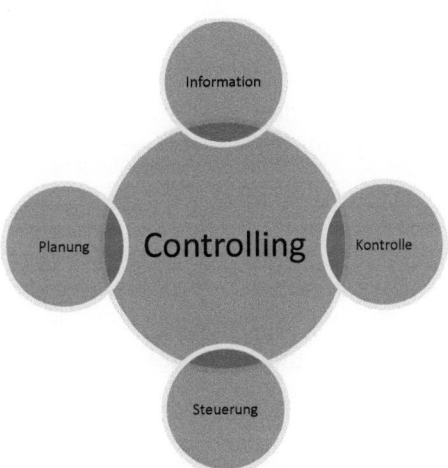

Der Regelkreis des Controllings wird über die Planung, Information, Kontrolle und der Steuerung geschlossen. Während alle vorgelagerten Funktionen die Aufgabe haben, den Unternehmenskurs festzulegen, ihre Einhaltung zu signalisieren und Abweichungen aufzuzeigen, ist die Steuerung die in die Zukunft gerichtete steuernde Funktion um den erfolgreichen Fortbestand des Unternehmens zu sichern.

Finanzplan

Der Finanzplan wird oftmals auch als Finanzbudget oder F-etat bezeichnet. Er ist die Basis für aktives Liquiditätsmanagement und die Realisierung eines Controlling-Regelkreises auf der Liquiditätsebene. Ziel der Finanzplanung ist die Erhaltung der Zahlungsfähigkeit des Unternehmens oder der Unternehmensgruppe. Ein Unternehmer ist verpflichtet, für die ständige Zahlungsfähigkeit der Unternehmung Sorge zu tragen. Schaft er das nicht, kann nach der Insolvenzordnung der Eröffnungsgrund für ein Insolvenzverfahren vorliegen.

Um nicht eine derartige Situation zu kommen, empfiehlt es sich einen Finanzplan zu erstellen. Dieser sollte aus der Erfolgsplanung und der Planbilanz abgeleitet werden und zeigen, ob die Umsetzung der vorgelagerten Pläne wie der Vertriebsplanung, Produktionsplanung, Personalplanung, Investitionsplanung usw. überhaupt finanziert werden kann. Die Finanzplanung soll aufzeigen, ob das Finanzmanagement Mittel zur Schließung einer Finanzierungslücke beschaffen muss.

Fixkosten

Fixkosten (auch fixe Kosten) sind in einer bestimmten Zeitperiode konstant und unabhängig von der Produktions- bzw. Absatzmenge (Ausbringungsmenge). Fixkosten werden durch die Strukturen des Unternehmens, das heißt durch seine Organisation und seine Kapazitäten definiert, weshalb man diese auch als Strukturkosten bezeichnet. Werden die Strukturen eines Unternehmens durch verändert, so ändern sich auch die Strukturkosten.

Früherkennung

Früherkennungssignale („weak signals", Frühwarnsignale) sind Informationen, die hinsichtlich ihrer Herkunft und Auswirkung nicht genau klassifizierbar sind. Im Regelfall handelt es sich um unbestimmte und unsichere Vermutungen über zukünftige Umfeld Veränderungen.

Je zeitiger die schwachen Signale lokalisiert und qualifiziert werden können, desto eher lassen sich strategische Maßnahmen ergreifen und damit die Chancen und Risiken erkennen. Controller, welche strategisch tätig sind, haben den Auftrag u.a. mit Hilfe von Netzwerken Indikatoren zu bestimmen und in einem Früherkennungssystem zu systematisieren.

G

Gemeinkosten

Gemeinkosten können den einzelnen Kostenträgern (Dienstleistungen o. Produkte) nicht direkt zugerechnet werden. Sie fallen für mehrere oder alle Erzeugnisse bzw. Waren insgesamt an. Die Gemeinkosten werden auch als indirekte Kosten bezeichnet. Gemeinkosten sind u.a.:

- Gehälter von Mitarbeitern, sofern sie nicht ausschließlich für ein Produkt tätig sind
- Kosten für Gebäude (Abschreibungen, Instandhaltung)
- Energiekosten
- Maschinenkosten (Abschreibungen, Betriebsstoffe), sofern sie nicht ausschließlich für ein Produkt eingesetzt werden

Gewinnplanung / Gewinnziel

Das Gewinnziel (auch Gewinnbedarfsbudget) beinhaltet als Plan alle Anforderungen, die vor Abzug von Ertragssteuern und von Zinsen an den Gewinn gestellt werden. Dazu gehören u.a. Zinsen für betriebsnotwendiges Fremdkapital, Ausschüttungen für das Eigenkapital, Ertragssteuern, geplante Zuwendungen an Dritte bzw. an das Personal, die von dem Gewinn bezahlt werden müssen, Investitionen in die Zukunft des Unternehmens (Reserven, Rücklagen), langfristige Rückstellungen, die nicht als Kostenbestandteile berücksichtigt wurden.

Der Ziel-Cash-Flow (ZCF) setzt sich aus dem Abschreibungsbudget und dem Gewinnbedarfsbudget zusammen. Genügt der Deckungsbeitrag nach Abzug aller übrigen Kosten auch zur Deckung des geplanten Ziel-Cash-Flows, hat das Unternehmen als Ganzes sein Gewinnziel erreicht. Der Ziel-Cash-Flow ist eine Plangröße.

Grenzkosten

Grenzkosten sind die Herstellkosten der jeweils zuletzt ausgebrachten (produzierten) Einheit. Solange die Gesamtkostenkurve eines Produkts oder einer Kostenstelle linear verläuft, sind die Grenzkosten für jedes hergestellte Stück gleich und entsprechen den proportionalen Kosten.

H

Herstellkosten / Herstellungskosten

Die Herstellkosten sagen aus, wie viel ein Produkt oder eine Dienstleistung kostet, wenn die Kosten aller Funktionen berücksichtigt werden, die an der Erstellung des Fertigprodukts beteiligt sind. Das sind:

- die Einzelmaterialkosten und die proportionalen Fertigungskosten, die zusammen die Produktkosten ergeben,
- die Materialgemeinkosten, die Strukturkosten der Funktionen Einkauf und Lagerung,
- die Fertigungsstrukturkosten, die Strukturkosten der Fertigungssteuerung, der Arbeitsvorbereitung, der Konstruktion und Entwicklung (soweit nicht durch den Auftrag verursacht) und die Kosten der Betriebsleitung.

Mit dem Begriff Herstellkosten, umschreibt man meist die vollen Herstellkosten, d.h. die Kosten für alle Funktionen der Leistungserstellung. Diese werden für die Erstellung der vollkostenbasierten Ergebnisrechnung und eventuell für die Bilanzierung (Bestandsbewertung) benötigt (Cost of goods sold = volle Herstellkosten der verkauften Produkte). Die proportionalen Herstellkosten, gleichbedeutend mit Produktkosten, sind zur Ermittlung des Deckungsbeitrags I erforderlich.
Herstellungskosten ist ein Begriff aus dem deutschen Handelsgesetzbuch (§ 255, Abs. 2 HGB).
Nach IAS und US-GAAP sind Bestände zu vollen Herstellkosten, aber ohne Einrechnung kalkulatorischer Zinsen zu bewerten.

I

Innerbetriebliche Leistungen

Innerbetriebliche Leistungen erbringt eine Kostenstelle für eine andere. Kann der Leistungsaustausch gemessen werden und ist die Menge der bezogenen Leistung von der Ist-Leistung der beziehenden Stelle abhängig, werden die innerbetrieblichen Leistungen gemäß Arbeitsrapporten verrechnet. Kann der Leistungsaustausch nicht eindeutig gemessen werden, legt man (nur in der Vollkostenrechnung) die Kosten nach einem vorgängig festgelegten Schlüssel um (Kostenumlage) oder vereinbart einen Versorgungsvertrag (Deckungsziel). Innerbetriebliche Leistungsverrechnung wird immer mit den Plankostensätzen durchgeführt, die sich aus der Jahresplanung ergeben.

Interne Revision

Interne Revision (Innenrevision) ist die mit der Durchführung der Prüfungs- und Überwachungsaufgaben beauftragte Stelle im Unternehmen (organisatorische Einheit). Im Controlling, bei dem der Management- Service im Vordergrund steht hat diese nachfolgenden Aufgaben zu erfüllen:

- Überwachung der Ordnungsmäßigkeit der Geschäftsabwicklung,
- Überprüfung der Wirksamkeit der Sicherungs- und Kontrolleinrichtungen und
- Vorschlag von eventuell notwendigen Verbesserungen an den Vorstand.
- Überprüfung der Betriebsorganisation und der wirtschaftlichen Verhältnisse in bestimmten Zeitabständen mit eventuellen Verbesserungsvorschlägen.

Die interne Revision ist gegenüber dem Vorstand weisungsgebunden. Die interne Revision hat die Ergebnisse ihrer Tätigkeit dem Vorstand vorzulegen.

Investitionen

Das Investitionscontrolling als bereichsbezogenes Controlling beschäftigt sich mit der Integration der Investitionstätigkeit in das Gesamtgefüge der unternehmerischen Entscheidungen. Damit wird bereits der Unterschied zwischen Investitionscontrolling und Investitionsrechnung deutlich (vgl. Adam, D. 2000, S. 1 ff.; Rösgen, K. 2000, S. 255). Die Investitionsrechnung geht von einer gegebenen, meistens sicheren Zahlungsreihe aus und fragt danach, ob eine Investition im Hinblick auf ein bestimmtes Ziel vorteilhaft ist (vgl. Schneider, D. 1992, S. 20 f.). Für das Investitionscontrolling sind die Komponenten der Zahlungsreihe (Anschaffungsauszahlung, laufende Ein- und Auszahlungen) hingegen durch andere Entscheidungen (Preis- und Programmplanung, Lerneffekte usw.) noch gestaltbar. Das Investitionscontrolling muss folglich der Frage nachgehen, wie eine Zahlungsreihe beeinflusst werden kann, damit eine Investition vorteilhaft wird. Die integrative Sicht des Investitionscontrolling erfordert es zudem, Kapitalverwendung und Kapitalbeschaffung zusammen zu sehen. Es macht für das Investitionscontrolling wenig Sinn, vom Konstrukt des vollkommenen Kapitalmarktes auszugehen und damit einen Einfluss der Finanzierung auf die Vorteilhaftigkeit einer Investition zu leugnen, wenn diese Bedingungen für ein Unternehmen nicht gelten. Die integrative Sicht erzwingt es zudem, von einer Analyse einzelner Investitionen Abstand zu nehmen, vielmehr müssen die Verbundeffekte zwischen den Investitionen (z.B. relative oder absolute Kapitalknappheit) erfasst werden. Eine Kernfunktion des Investitionscontrolling ist es damit, die Investitionsentscheidungen mit den übrigen Entscheidungen im Hinblick auf das Gesamtziel des Unternehmens zu koordinieren.

Als Investition soll jede Auszahlung für die Beschaffung von Gütern oder Rechten verstanden werden, deren Verwertung später Einzahlungen erwarten lässt. Das Investitionscontrolling analysiert sowohl Realinvestitionen als auch Finanzanlagen (vgl. z.B. Götze, U./Bloech, J. 1995, S. 7 ff.). Zu den Realinvestitionen zählen auch immaterielle Objekte wie Patente und Nutzungsrechte (Lizenzen) oder Ausgaben für FuE. Das Investitionscontrolling überspannt den gesamten, aus vier Phasen bestehenden Investitionsprozess (vgl. Adam, D. 2000, S. 11 ff.; ähnliche Darstellung bei Kruschwitz, L. 2000, S. 6 ff.):

- Investitionsplanung und -entscheidung,
- Realisation und Investitionssteuerung,
- Kontrolle
- Nachbesserungsentscheidungen bei unerwarteten Datenänderungen.

Die Planungs- und Entscheidungsphase wird durch Anregungsinformationen über Investitionsnotwendigkeiten und -möglichkeiten ausgelöst. In dieser Phase ist die Entscheidungssituation zu analysieren, und es ist ein Modell zur Bewertung der Investition zu entwickeln. Zudem sind die relevanten Daten (Einzahlungs- und Auszahlungswirkungen, Dauer der Wirkungen) zu erarbeiten. Die Ableitung der entscheidungsrelevanten Daten (Zahlungsreihe, Nutzungsdauer, Zinssatz) ist mit erheblichen Problemen verbunden, da diese durch Entscheidungen anderer Unternehmensbereiche mit determiniert werden. Die Entwicklung der Zahlungsreihe setzt somit eine integrative Sicht aller Entscheidungsbereiche des Unternehmens voraus. Am Ende der Planungsphase ist eine aus gesamtbetrieblicher Sicht sinnvolle Handlungsempfehlung zu geben. Die Empfehlung muss sich auf die Erfolgserwartungen, aber auch auf das mit einer Investition verbundene Risiko stützen (vgl. Adam, D. 1996, S. 35 ff.).

Die Realisationsphase befasst sich mit der Umsetzung der Investitionsentscheidungen. Die Realisation erfordert in der Praxis i. Allg. erhebliche Zeit, da Genehmigungsverfahren eingeleitet werden müssen, Verträge für die Lieferung der Investitionsobjekte abzuschließen sind und die Anlagen errichtet werden müssen. Weiterhin muss die Finanzierung gesichert werden. Als Folge der Unsicherheit treten innerhalb der Realisationsphase häufig neue Informationen auf, die Einfluss auf die Zahlungsreihe und damit den Erfolg einer Investition haben. Daher kommt es in der Realisationsphase zu laufenden Nachbesserungen der Projektspezifikationen mit der Folge zusätzlicher Auszahlungen oder einer längeren als der erwarteten Realisationsphase. Es muss z.B. entschieden werden, ob eine technische Weiterentwicklung, die zum Zeitpunkt der grundsätzlichen Investitionsentscheidung nicht abzusehen war, implementiert werden soll. Diese kleineren Investitionsentscheidungen gewinnen an Gewicht, je länger die Realisierung einer Investition dauert und je schneller neue Informationen über technisch verbesserte Handlungsalternativen oder neue Daten über die Beschaffungs- oder Absatzmärkte zur Verfügung stehen. Die zweite Phase des

Investitionsprozesses umfasst folglich nicht nur die Realisierung der vorher getroffenen Entscheidungen, sondern gleichzeitig auch eine Steuerung des Realisationsprozesses (vgl. Küpper, H.-U. 1991, S. 172 f.). Gegenstand der Steuerung von Investitionsprojekten sind nicht nur die eingeschlossenen kleineren Investitionsentscheidungen. Zentral ist vielmehr das Zeitmanagement. Die verschiedenen Arbeiten in der Realisierungsphase müssen zeitlich z.B. durch Netzpläne koordiniert werden, um den vorgesehenen Zeitpunkt der Fertigstellung eines Investitionsobjektes einzuhalten. Für diese Steuerung müssen geeignete Instrumente bereitgestellt werden. Um in den Realisationsprozess sinnvoll eingreifen zu können, sind die Informationen über den Stand der Realisation zeitnah zu erheben (vgl. Adam, D. 2000, S. 12 f.).

Ist die Investition realisiert, schließt sich nach klassischer Auffassung die Kontrollphase des Entscheidungsprozesses an. Es ist zu überprüfen, welche Abweichungen zwischen Planung und Ist-Zustand auftreten und welche Ursachen dafür verantwortlich sind. Sinn der Evaluation ist es, Fehler und Unzulänglichkeiten aufzudecken, die bei künftigen Investitionsprojekten möglichst zu vermeiden sind. Real schließt sich der Kontrollprozess aber nicht an die Realisationsphase an, sondern verläuft vielmehr parallel dazu. Sind einzelne Schritte der Investition vollzogen, werden sie bereits kontrolliert. Diese proaktive, laufende Kontrolle hat den Vorteil, dass evtl. noch in den laufenden Realisationsprozess eingegriffen werden kann, wenn Defizite deutlich werden. Diese Art der Kontrolle erlaubt somit noch steuernde Eingriffe.

Die häufig lange Zeitspanne zwischen der Investitionsentscheidung und dem Abschluss des Investitionsobjektes sowie die hohe Dynamik des Unternehmensumfeldes führen dazu, dass in der Entscheidungsphase meist nur sehr unsichere Informationen existieren. Es kann daher sein, dass Erwartungen und Realität erheblich auseinander fallen und die ursprünglichen Entscheidungen teilweise revidiert werden müssen. Jede Investition zieht als Folge des bei der Entscheidung geltenden unvollkommenen Informationsstandes daher während der Nutzungsphase der Investitionsobjekte weitere Planungsüberlegungen nach sich. Investitionsplanung ist somit kein linearer Prozess, der durch die Phasen Entscheidung, Realisation und Kontrolle läuft. Erforderlich sind ständige Rückkopplungsschleifen, die Planung und Realität wieder aufeinander beziehen (vgl. Adam, D. 2000, S. 13 ff).

Dem Investitionscontrolling kommt eine besondere Bedeutung im Rahmen der unternehmerischen Tätigkeiten zu. Durch Investitionen werden langfristig hohe Summen gebunden. Zudem werden durch sie die laufenden Ein- und Auszahlungen beeinflusst. Investitionsentscheidungen haben damit nachhaltige Wirkung auf die Liquiditätslage eines Unternehmens. Investitionsentscheidungen sind zudem irreversibel, sie lassen sich meist nur mit erheblichen zusätzlichen Kosten rückgängig machen. Das Investitionscontrolling muss daher die mit einer Investition verbundenen Risiken transparent machen.

Istkosten, Istdaten, Istleistungen

Istkosten sind alle während einer bestimmten Abrechnungsperiode tatsächlich angefallenen Kosten. In der Abweichungsanalyse der Plankostenrechnung ist es die zu Istpreisen bewertete Istverbrauchsmenge.

Istdaten sind personenbasierende Daten (z. B. persönliche Daten von Mitarbeitern, Personalkosten pro Mitarbeiter, zur Verfügung stehende Kapazität etc.) und Daten der gegenwärtigen Organisationsstruktur (z. B. Planstellen und organisatorische Einheiten mit ihren Eigenschaften).

Istleistungen sind jene Leistungen, die eine Kostenstelle im Berichtsmonat effektiv erbracht hat. Wird die Leistung in vorgegebenen Einheiten gemessen, spricht man von der Ist-Ist-Leistung. Werden sowohl die Ist-Soll- als auch die Ist-Ist-Leistungen erfasst, lässt sich die Intensitätsgradabweichung berechnen. Die Istleistungen werden mittels Betriebsdatenerfassung (BDE) erhoben. Darunter versteht man ein Instrument zur Feststellung von Verbrauch und Leistung im betrieblichen Produktionsprozess, das manuell oder elektronisch betrieben werden kann. Für die Erstellung der Kosten- und Leistungsrechnung werden die Leistungen der Kostenstellen –gemessen in Bezugsgrößeneinheiten- erhoben, wobei die BDE belegen muss, welche Stelle für welche andere Stelle oder für welchen Auftrag wann wieviel geleistet hat.

K

Kaizen / KVP

Der Begriff „Kaizen" setzt sich aus den japanischen Wörtern „Kai" für „Veränderung" und „Zen" für „zum Besseren" zusammen. Wie diese Übersetzung schon verdeutlicht, geht es im Rahmen von Kaizen um eine kontinuierliche Veränderung und Verbesserung. Die Besonderheit dieses Prinzips ist jedoch, dass es sich hierbei um eine alltägliche und stetige Verbesserung handelt. Kaizen ist so nicht nur eine Methode, welche angewendet werden kann, sondern darüber hinaus eine Geisteshaltung und Denkweise, die von dem Management und von den Angestellten getragen werden muss.

In Europa wird Kaizen vor allem unter dem Begriff "kontinuierlicher Verbesserungsprozess" angewendet und mit KVP abgekürzt. Zu internationaler Beachtung brachte es der Kaizen-Ansatz durch das Buch „Kaizen: The Key to Japan's Competetive Success" von dem Autor Masaaki Imais.

Der Kaizen-Ansatz spielt eine bedeutende Rolle in der sogenannten Schlanken Produktion, die vor allem in der japanischen Automobilindustrie zu großen Erfolgen beigetragen hat. So kann durch Kaizen das Produktions- und Qualitätsmanagement verbessert und Kosten reduziert werden. Im absoluten Mittelpunkt steht das

Reduzieren von Verschwendungen in allen Bereichen. So soll kein Tag in einem Unternehmen vergehen, an dem nicht eine Verbesserung erzielt werden konnte.

Kaizen bedeutet also die schrittweise Verbesserung und Perfektionierung von Prozessen. Dabei ist Kaizen genau wie das Qualitätsmanagement nicht als einmaliges Projekt durchführbar, sondern eine Unternehmensphilosophie, die von einem Unternehmen gelebt werden muss, um erfolgreich sein zu können. Im Kern des Kaizen-Ansatzes stehen die Mitarbeiter und die Teamarbeit, in deren Rahmen kleine Gruppen so genannte Qualitätszirkel bilden und regelmäßig alle Prozesse und Abläufe analysieren, diskutieren und optimieren. Neben diesen Qualitätszirkeln stehen im Rahmen von Kaizen weitere vielfältige Werkzeuge zur Verfügung, von denen die 5S-Methode zu den bekanntesten zählen dürfte.

Kaizen ist eng mit den Ansätzen Total-Quality-Management (TQM) und Lean-Management verflochten, welche die bestmögliche Wertschöpfung vor allem durch Kombination der verschiedenen Tools erreichen.

Kalkulationsschema

Um die Kosten eines Produkts oder Dienstleistung zu ermitteln, bedient man sich eines Kalkulationsschemas, welches aufzeigt, wie die einzelnen Kostenelemente zusammengefügt sind. Das bekannteste Schema, welches auf Basis der Bezugsgrößenkalkulation aufgebaut ist, hat nachfolgende Struktur:

Kalkulationsschema (herkömmlich)	Proportionalkostenrechnung	Vollkostenrechnung
Einzelmaterialkosten	X	X
Materialgemeinkosten		X
Proportionale Fertigungskosten	X	X
Strukturkosten der Fertigung		X
Fremdleistungskosten	X	X
Sondereinzelkosten der Fertigung	X	X
	Produktkosten	Volle Herstellkosten
Sondereinzelkosten des Vertriebs		X
Vertriebsstrukturkosten (Vertriebsgemeinkostenzuschlag)		X
Verwaltungsstrukturkosten (Verwaltungsgemeinkostenzuschlag)		X
		Volle Selbstkosten

Die Werte, die sich aus der Proportionalkostenrechnung (auch Produktkostenrechnung genannt) ergeben, werden für die Erstellung der Deckungsbeitragsrechnung benötigt, diejenigen der Vollkostenrechnung für die Bestandsbewertung bzw. für die Bestimmung kostengestützter Verkaufspreisziele. Aus diesem Grund ist diese Kalkulation für jede Einheit – für alle Halbfabrikate und jeden Artikel durchzuführen.

Kalkulatorische Kosten

Kalkulatorische Kosten sind Kostenarten, die nicht direkt einer Aufwandsart der Finanzbuchhaltung entsprechen, weil sie entweder von dieser abgegrenzt werden oder ihnen kein direkter Aufwand gegenübersteht. Oft handelt es sich um Opportunitätskosten, das sind Kosten entgehender Gelegenheit oder Zinsen. Die bekanntesten hiervon sind:

- Kalkulatorische Sozialleistungskosten, welche der Stellenleiter nicht selbst beeinflussen kann
- Kalkulatorische Abschreibungen
- Kalkulatorische Zinsen
- Kalkulatorischer Unternehmerlohn
- Kalkulatorische Wagniskosten

In der Finanzbuchhaltung werden als Zinsen nur Beträge berücksichtigt, die an Fremdkapitalgeber bezahlt wurden. Im betrieblichen Rechnungswesen hingegen will man die Zinskosten des gesamten Kapitals, also auch des Eigenkapitals, Rechnung tragen, weshalb für das betriebsnotwendige Vermögen ein kalkulatorischer Zinssatz angewendet wird. Im besten Falle werden die kalkulatorischen Zinsen analytisch geplant, was zu einem Gewinnbedarfsplan und einem ROI-Ziel führt.

Kennzahlensysteme

Kennzahlensysteme sind (mathematisch oder logisch verknüpfte) Kombinationen mehrerer Kennzahlen (absolute oder relative Zahlen mit besonderem Aussagewert). Kennzahlen sind aus geplanten Werten oder Istdaten ableitbar und dienen als Maßstab, um Ursache und Wirkung von Vorgängen in kausalem Zusammenhang darzustellen.
Analytische Kennzahlensysteme entstehen durch Zerlegung einer Spitzenkennzahl in mehrere Unterkennzahlen. Dabei ist entsprechend der Darstellung der Zusammenhänge zwischen den Kennzahlen weiter zu differenzieren in Rechensysteme (zahlenlogische Systeme) und Ordnungssysteme (sachlogische Systeme). Bei Rechensystemen
sind die einzelnen Kennzahlen durch mathematische Beziehungen formal verknüpft. Beispiele hierfür sind das Du Pont-System, das RoI-System-System und das ZVEI-System. Bei Ordnungssystemen besteht lediglich ein sachlicher Zusammenhang zwischen den in bestimmter Form gruppierten Kennzahlen, ohne dass diese in ihrer funktionalen Abhängigkeit dargestellt sind. Ein Beispiel hierfür ist das von Reichmann/Lachnit entwickelte
Rentabilitäts-Liquiditäts-System. Synthetische Kennzahlensysteme entstehen durch Verdichtung (Kombination) mehrerer Einzelkennzahlen zu einem "Index". Je nach der Höhe dieses Wertes sollen die Unternehmen beurteilt bzw. klassifiziert werden.

Dabei kann in subjektive und mathematisch-statistische Kennzahlenkombination unterschieden werden, je nachdem, ob die Auswahl und Gewichtung der in diese aggregierte Kennzahlen
eingehenden Einzelkennzahlen nach dem subjektiven Ermessen der beteiligten Personen (Experten) erfolgt (so z. B. im "Capitalyse"-Verfahren der Zeitschrift Capital) oder ob unter Verwendung athematisch-statistischer Verfahren (insb. Hypothesentest sowie Diskriminanzanalyse) empirische Daten ausgewertet werden. In neuerer Zeit wird überdies versucht, mit Hilfe Neuronaler Netze, einem Zweig der künstlichen Intelligenz, optimale Kennzahlenkombinationen abzuleiten.

Kontrolle

Kontrolle ist eine unentbehrliche und nicht delegierbare Hauptaufgabe von Führungskräften. Doch haben viele Führungskräfte Schwierigkeiten damit. Es fehlt an Disziplin oder Einfühlungsvermögen, die Leistungen anspornend zu kontrollieren. Sie erfahren, wie Ihnen die Kontrolle nicht nur gewünschte Information gibt, sondern sich auch auf die Motivation Ihrer Mitarbeiter auswirkt.

Koordination

Koordination bedeutet Verknüpfung von Teilsystemen, insbesondere von Teilplänen. Sie kann durch Weisung, Selbstabstimmung oder Planung erfolgen. Um von einem koordinierten Planungssystem sprechen zu können, muss zeitliche, vertikale, horizontale und sachliche Koordination erfolgen.
Controller haben die Aufgabe, diese Koordination zwischen den verschiedenen Bereichen und Führungskräften über ihre Planungssysteme, die Rechnungswesen-systeme, die Berichterstattung sowie über Gespräche zu gewährleisten.

Kosten / Kostenrechnung

Aufgabe der Kostenrechnung ist die Erfassung, Verteilung und Zurechnung der Kosten, die bei der betrieblichen Leistungserstellung und -verwertung entstehen mit dem Ziel der Kontrolle der Wirtschaftlichkeit und der Kalkulation des Angebotspreises bzw. der Feststellung der Preisuntergrenze.

Man unterscheidet bei der Kostenrechnung grundsätzlich zwei Systeme: Die Voll- und die Teilkostenrechnung. Letztere wird auch oft mit Begriffen wie Deckungsbeitragsrechnung oder Grenzkostenrechnung in Verbindung gebracht.

Die Unterschiede zwischen diesen beiden Kostenrechnungssystemen sind wesentlich welche daher an dieser Stelle etwas ausführlicher erläutert wird:

Die Vollkostenrechnung legt sämtliche in einem Unternehmen anfallende Kosten auf die erstellten Güter oder Dienstleistungen um. These hierbei ist, dass die erzielten Erlöse alle Kosten plus die gewünschte Gewinnmarge abdecken müssen. Die Teilkostenrechnung dagegen zerlegt alle entstehenden Kosten zunächst in ihre fixen und variablen Bestandteile. Fix sind dabei alle Kosten, die unabhängig vom konkreten Umsatz alleine für die Aufrechterhaltung der Betriebsbereitschaft führen.

Sie sind, zumindest auf kürzere Zeiträume wie z.B. ein Jahr, überwiegend konstant und lassen sich betragsmäßig gut planen. Variable Kosten dagegen lassen sich in Relation zum Umsatz planen, nicht aber in ihrer absoluten Höhe, weil der Umsatz nicht von unseren Entscheidungen abhängt sondern von den Entscheidungen unserer Kunden.

Soweit möglich, ist die Teilkostenrechnung vorzuziehen, weil sie die Kostenursachen besser erfasst und damit eine bessere Entscheidungsgrundlage liefert.

Eine wesentliche Aufgabe der Kostenrechnung besteht in der Ermittlung der Selbstkosten der hergestellten Produkte. Diese Selbstkosten liefern die Entscheidungsgrundlage für die Preiskalkulation. Zu diesem Zweck müssen alle Kosten möglichst verursachungsgerecht (Verursachungsprinzip) den Kostenträgern (den Produkten) zugeordnet werden. Bei den Einzelkosten ist diese Zurechnung unproblematisch, sie können den Produkten direkt zugerechnet werden (Einzelkosten sind z.B. Fertigungslöhne, Fertigungsmaterial). Die Gemeinkosten dagegen (z.B. das Geschäftsführergehalt, Miete für Büroräume, Abschreibungen usw.) sind den Kostenträgern nicht direkt zurechenbar. Erst eine Kostenstellenrechnung macht eine mehr oder weniger sinnvolle Verrechnung dieser Gemeinkosten auf die Kostenträger möglich.

Zunächst müssen sämtliche Kosten vollständig erfasst werden (Vollständigkeitsprinzip). Die Erfassung der Kosten erfolgt in der Finanzbuchhaltung. Die Kostenarten werden dann in die Betriebsbuchhaltung übernommen, die Kostenartenrechnung kann damit als Schnittstelle zwischen Finanz- und Betriebsbuchhaltung bezeichnet werden.

Während die Einzelkosten den Kostenträgern direkt zugerechnet werden können, müssen die Gemeinkosten entweder direkt (Kostenstelleneinzelkosten) oder nach bestimmten Umlageschlüsseln (Kostenstellengemeinkosten) auf die Kostenstellen verteilt werden.

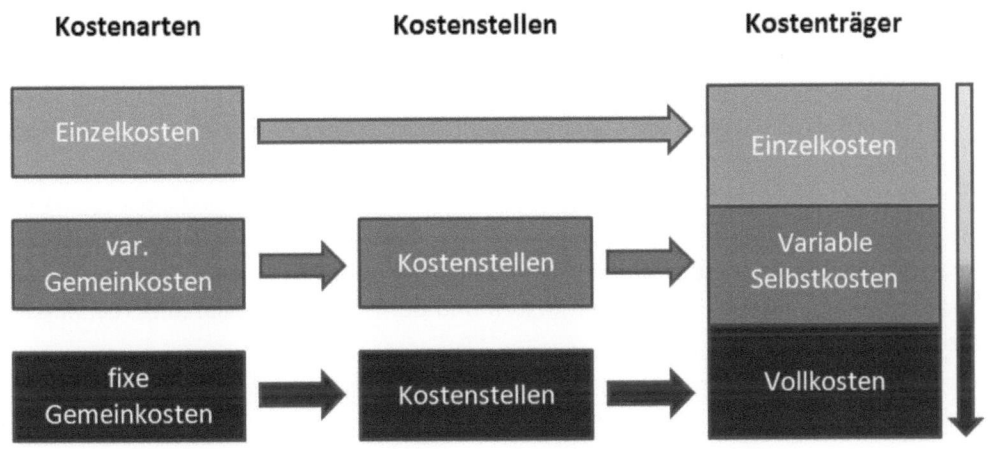

Um die genannten Aufgaben erfüllen zu können, ist die Kostenrechnung in eine Kostenarten-, Kostenstellen- und Kostenträgerrechnung gegliedert.

Kostenart

Die Kostenartenrechnung dient der systematischen Erfassung aller Kosten, die in einem Unternehmen entstehen. Ihre Fragestellung lautet: Welche Kosten sind angefallen? Die Kostenartenrechnung erfasst daher alle angefallenen Kosten, inhaltlich gegliedert, also z.B. Personalkosten, Mieten und Pachten, Stromkosten usw. Es werden hier alle anfallenden Kosten, wie sie insgesamt in einem Unternehmen entstehen, nach den s.g. Sachkonten untergliedert, erfasst.

Wenn man sich auf die Kostenartenrechnung beschränkt, kann man, unter Hinzunahme der Erlöse, bereits ein Jahresergebnis korrekt ermitteln. Was man nicht kann, ist zu erkennen, wo im Unternehmen die Kosten entstehen, was die Kostenverursacher sind und wie sich Kosten bei unterschiedlichen Auslastungen verhalten.

In der Kostenrechnung werden daher die Kostenarten weiter unterschieden, und zwar in Einzel- und Gemeinkosten. Einzelkosten sind Kosten, die unmittelbar durch ein hergestelltes Produkt oder eine erbrachte Dienstleistung entstehen und dieser auch direkt zugeordnet werden. Dies sind immer die Materialkosten und bezogene Leistungen, manchmal aber auch Löhne, wenn es sich z.B. um Akkordlöhne handelt. Der Zusammenhang zwischen Einzelkosten und einem hergestellten Produkt/Dienstleistung ist der, dass diese Kosten dann und nur dann entstehen, wenn das Produkt/die Dienstleistung entsteht.

Gemeinkosten dagegen sind Kosten, die

a) produktunabhängig für die reine Betriebsbereitschaft entstehen (echte Gemeinkosten) oder
b) produktabhängig entstehen, sich aber nicht sauber den Produkten zurechnen lassen (unechte Gemeinkosten)

Die echten Gemeinkosten sind somit auch fixe Kosten, die unechten Gemeinkosten variable Kosten – auch wenn es manchmal schwierig ist, den konkreten Zusammenhang zwischen Höhe der Kosten und der Höhe der Auslastung rechnerisch abzubilden.

Kostenstellen / Kostenstellenrechnung

Als Kostenstellen werden die betrieblichen Orte bezeichnet, an denen die Kosten entstehen. Dies können im einfachsten Fall der Material-, der Fertigungs- der Verwaltungs- und der Vertriebsbereich sein. Es gibt dabei Haupt- und Hilfskostenstellen. Letztere geben ihre Leistung nicht an einen Kostenträger, sondern an andere Kostenstellen ab. Die Bildung von Kostenstellen geschieht aus zwei Gründen:

1. Genauere Zurechnung der Gemeinkosten auf die Kostenträger
2. Überwachung und Kontrolle der Wirtschaftlichkeit in den einzelnen Tätigkeits- und Verantwortungsbereichen.

Die Bildung von Kostenstellen kann nach betrieblichen Funktionen, nach Verantwortungsbereichen, nach räumlichen Gesichtspunkten oder nach rechentechnischen Erwägungen oder aus Kombinationen hieraus erfolgen. Eine ganz simple Einschränkung bei der Bildung von Kostenstellen bildet die Zurechenbarkeit der Kosten. Diese muss nämlich (einigermaßen) gewährleistet sein.
Beispiele für problematische Kostenzuordnungen sind oft Telefonkosten, Stromverbrauch aber auch Personalkosten bei wechselndem Personaleinsatz

Im Rahmen der Kostenstellenrechnung erfolgt die Bildung von so genannten Zuschlagssätzen, durch die eine Zurechnung der Gemeinkosten auf die Kostenträger erst ermöglicht wird. Hierzu ist die Leistung einer Kostenstelle zu ermitteln. Leistung ist das, was als Arbeitsergebnis dort entsteht. In Fertigungsunternehmen sind das zumeist die Stückzahl, das Gewicht oder der Wert bearbeiteter Materialien. In Dienstleistungsunternehmen sind es die Arbeitsstunden oder die Anzahl von bearbeiteten Vorgängen. Mit der Wahl der Bezugsgröße wird letztlich bestimmt, was man als Grundlage für die Verrechnung der Gemeinkosten nehmen möchte. Dabei ist immer der Grundsatz zu beachten, dass die gewählte Bezugsgröße die Kostenverursachung möglichst genau abbildet.

Der Zuschlagsatz errechnet sich dann aus den gesamten (oder bei der Teilkostenrechnung den variablen) Kosten einer Kostenstelle, dividiert durch die Gesamtleistung.

Der Betriebsabrechnungsbogen (BAB) ist ein Abrechnungsschema zur Darstellung und Verrechnung der Gemeinkosten auf Kostenstellen sowie der Bildung der Zuschlagssätze.

Hierzu ist die Leistung einer Kostenstelle zu ermitteln. Leistung ist das, was als Arbeitsergebnis dort entsteht. In Fertigungsunternehmen sind das zumeist die Stückzahl, das Gewicht oder der Wert bearbeiteter Materialien. In Dienstleistungsunternehmen sind es die Arbeitsstunden oder die Anzahl von bearbeiteten Vorgängen. Mit der Wahl der Bezugsgröße wird letztlich bestimmt, was man als Grundlage für die Verrechnung der Gemeinkosten nehmen möchte. Dabei ist immer der Grundsatz zu beachten, dass die gewählte Bezugsgröße die Kostenverursachung möglichst genau abbildet.

Der Zuschlagsatz errechnet sich dann aus den gesamten (oder bei der Teilkostenrechnung den variablen) Kosten einer Kostenstelle, dividiert durch die Gesamtleistung.

Der BAB ist ein Abrechnungsschema zur Darstellung und Verrechnung der Gemeinkosten auf Kostenstellen sowie der Bildung der Zuschlagssätze.

Dabei werden alle Gemeinkostenarten auf Kostenstellen verrechnet. Soweit Kostenstellen existieren, die nicht direkt an der Bearbeitung der Kostenträger beteiligt sind (Hilfs- bzw. Vorkostenstellen), werden deren Kosten nach festgelegten Verteilungsschlüsseln auf die Haupt- oder Endkostenstellen verteilt. Deren jeweilige Gesamtkosten werden dann anhand der Zuschlagsbasis (z.B. Wert der insgesamt in einem Jahr bearbeiteten Kostenträger) au die Kostenträger mittels Zuschlagsatz verrechnet.

Kostenträger / Kostenträgerrechnung

Als Kostenträger werden die von einem Unternehmen hergestellten Güter oder Dienstleistungen bezeichnet. Sie haben die Kosten des Unternehmens zu tragen oder besser – zu verdienen.

Die Kostenträgerrechnung wird als Kostenträgerzeitrechnung (Betriebsabrechnung) und als Kostenträgerstückrechnung (Kalkulation, Selbstkostenrechnung) durchgeführt.

Die Kostenträgerzeitrechnung ermittelt die in einem bestimmten Zeitraum (Monat, Quartal) angefallenen Kosten insgesamt für bestimmte Kostenträgergruppen oder auch einzelne Kostenträger. Besonders geeignet ist die Kostenträgerzeitrechnung als kurzfristige Erfolgsrechnung.

Die Kostenträgerstückrechnung ermittelt die für einzelne Kostenträger angefallenen Kosten. Sie wird als Vergangenheitsrechnung (Nachkalkulation) und als Zukunftsrechnung (Vorkalkulation) durchgeführt.

Im Rahmen der Kalkulation werden den direkt zurechenbaren Einzelkosten dann die weiteren, auf Kostenstellen verrechneten Gemeinkosten über die Zuschlagssätze jeder einzelnen Kostenstelle zugeschlagen. Je nach System werden dabei nur die variablen Gemeinkosten zugeschlagen (variable Selbstkosten) oder sämtliche Gemeinkosten (Vollkosten).

Die Aufgaben der Kostenarten-, Kostenstellen- und Kostenträgerrechnung bestehen also in der Erfassung (Kostenartenrechnung), Verteilung (Kostenstellenrechnung) und Zurechnung (Kostenträgerrechnung) der Kosten, die bei der betrieblichen Leistungserstellung und –verwertung entstehen, um eine Entscheidungsgrundlage für betriebliche Dispositionen zu schaffen und eine wirksame Kostenkontrolle zu ermöglichen.

Kostentreiber / cost driver

Cost Driver stellen die Bezugsgrößen (Bezugsgrößenhierarchie) für die Verrechnung der angefallenen Gemeinkosten (Gemeinkostencontrolling) im Rahmen der Prozesskostenrechnung oder des Activity Based Costing (ABC) dar.

Der Begriff der Cost Driver, der mit Kostenantriebskräften oder Kostentreibern übersetzt werden kann, betont, dass die Anzahl der zur Herstellung der Produkte erforderlichen Prozesse das Volumen der entstehenden Gemeinkosten beeinflusst und nicht die wertmäßige Höhe der zur Verrechnung verwendeten Zuschlagsbasen. Daher werden konkret auch nur die leistungsmengeninduzierten Kosten durch die Cost Driver verursacht. Zur Bestimmung vermeidet die Prozesskostenrechnung und das Activity Based Costing die Anwendung von Schlüsseln und die Ermittlung von Kosten in Abhängigkeit vom Output, sondern stellt auf die Abhängigkeit der Kosten (Kostenabhängigkeiten) von den Geschäftsprozessen (Activities), die tatsächlich ausgeführt werden, ab. Der Geschäftsprozess wird selbst zum Kostenträger. Dabei hat der Cost Driver analog zu den Bezugsgrößen der Plankostenrechnung eine Doppelfunktion, da er sowohl die Messgröße der Ressourceninanspruchnahme, d.h. der Kostenverursachung, ist als auch die Messgröße für den Leistungsoutput (Horváth/Mayer 1993, S. 18). Demnach führt eine Steigerung der über den relevanten Cost Driver gemessenen Anzahl der Prozessdurchführungen auch zu einer analogen Steigerung der beanspruchten Ressourcen und damit zu einer Steigerung der angefallenen Kosten, und vice versa. Notwendige Voraussetzung um von einem Cost Driver zu sprechen ist somit der kausale Zusammenhang zwischen den Kosten und dem Kostenträger. Der Cost Driver steht demnach sowohl zur Ressourcennutzung als auch zur Leistungsmenge in einer festen Beziehung, wobei aber die Kostenverursachung als alleiniges Kostenzurechnungsprinzip abgelehnt wird. Daraus folgt, dass sich auch andere Kosteneinflussgrößen bestimmen und bewerten lassen. So sind die Cost Driver auch unterschiedlich zu systematisieren, z.B. volumen-, effizienzabhängig und komplexitätsunabhängig oder ablaufabhängig, komplexitätsabhängig und auftragsspezifisch.

Die Cost Driver beziehen sich jeweils auf einen bestimmten Prozess bzw. auf eine Prozessstufe. Die Zusammenfassung der Cost Driver bleibt ein zentrales Problem der Prozesskostenrechnung und des Acitivity Based Costing, da die Cost Driver der Hauptprozesse häufig nicht identisch sind mit den Messgrößen der Teilprozesse. Daher bedarf die Auswahl der Cost Driver große Kreativität und Sorgfalt (Homburg/Zimmer 1999, S. 1042-1055).

Aus der Ausgestaltung der Prozesskostenrechnung und des Activity Based Costing als Vollkostenrechnungssysteme folgt, dass der Cost Driver aus fixen Kosten einen Teil wie variable behandelt, obwohl es weiterhin fixe Koste sind, und damit nicht für eine unterjährige Sollkostenermittlung i.S.d. flexiblen Plankostenrechnung geeignet ist. Vielmehr sind die Ist-Cost-Driver-Mengen und die Prozesskostensätze Maßstab der Kapazitätsauslastung.

Kundendeckungsbeitragsrechnung

Mit der Kundendeckungsbeitragsrechnung soll dargestellt werden, welchen Deckungsbeitrag ein bestimmter Kunde erbringt, nachdem alle Kosten, die eindeutig, das heißt per Beleg nachweisbar, für diesen Kunden entstanden sind, von den Erlösen abgezogen sind. Kundengruppenbetrachtungen sind wichtige Auswertungen für die Gestaltung der Marktbearbeitung und für die strategische Führung.

Struktur einer Kundendeckungsbeitragsrechnung:

Artikel	ge-kaufte Menge	Um-satz brutto	Erlös-schmä-lerung	Pro-dukt-kosten	DB I	DBU	DB/ME	%-anteil am Erlös	am DB I
kundendirekte Strukturkosten									
Kunden-DB									
Sachverhalte:				Maßnahmen/zu besprechen:					

L

Lebenszykluskosten

Lebenszykluskosten sind totale Kosten eines Produkts, Systems oder Projektes während seiner gesamten Lebensdauer einschließlich der dadurch ausgelösten Kosten in anderen Unternehmensbereichen. Das Konzept der Lebenszykluskosten (life cycle costs) ist vor allem für die adäquate Beurteilung der Attraktivität von (Investitions-) Projekten wichtig, da hier häufig die Entscheidungsfindung nur über einen Vergleich von Beschaffungskosten erfolgt und Folgekosten vernachlässigt werden. Eine korrekte Abschätzung aller Kosten in weiteren Phasen des Produktlebenszyklus kann auch der Kostenrechnung wichtige Informationen zur Kostenplanung und zu anzusetzenden Kalkulationswerten liefern. In den zahlungsstromorientierten Verfahren der Investitionsrechnung (z.B. Kapitalwertmethode) wird der Idee der Lebenszykluskosten Rechnung getragen. Lebenszykluskosten sind demnach die gesamten Kosten (Auszahlungen), die ein Produkt während eines Lebenszyklus verursacht.

Leistungsbeurteilung

Leistungsbeurteilung heißt, die Zielerfüllung einer Führungskraft festzustellen und zu beurteilen. Zur Zielerfüllung gehört auch, dass Abweichungen vom Ziel rechtzeitig angekündigt werden. Hierfür muss der Controller sorgen.

Leitbild

Controller leisten als Partner des Managements einen wesentlichen Beitrag zum nachhaltigen Erfolg der Organisation. Controller gestalten und begleiten den Managementprozess der Zielfindung, Planung und Steuerung und tragen damit Mitverantwortung für die Zielerreichung.

Das bedeutet:

- Controller sorgen für Strategie-, Ergebnis-, Finanz-, Prozesstransparenz und tragen somit zu höherer Wirtschaftlichkeit bei.
- Controller koordinieren Teilziele und Teilpläne ganzheitlich und organisieren unternehmensübergreifend das zukunftsorientierte Berichtswesen.

- Controller moderieren und gestalten den Managementprozess der Zielfindung, der Planung und der Steuerung so, dass jeder Entscheidungsträger zielorientiert handeln kann.
- Controller leisten den dazu erforderlichen Service der betriebswirtschaftlichen Daten- und Informationsversorgung.
- Controller gestalten und pflegen die Controlling-Systeme.

Formulierung des Controller-Leitbilds durch den Geschäftsführenden Ausschuss der IGC. Überarbeitete Version, Parma 14.09.2002.

Liquidität

Liquidität ist die Fähigkeit eines Unternehmens, mit vorhandenen Vermögensbestandteilen allen Zahlungsverpflichtungen fristgerecht nachkommen zu können. Man unterscheidet zwischen struktureller und strategischer Liquidität, welche sich aus dem Nettoumlaufvermögen sowie aus den freien Kreditlimit ableitete, sowie die dynamische Liquidität, die mit dem Zahlungsbereitschaftsplan zur kurzfristigen Steuerung der Geldbestände (Cash Management) herangezogen wird. Das Nettoumlaufvermögen ist die Differenz zwischen dem Umlaufvermögen und dem kurzfristigen Fremdkapital und stellt den finanziellen Spielraum des Unternehmens dar.

M

Manager / Management

Als Manager bezeichnet man ein Mitglied des Unternehmens, das (in der Regel) andere Personen führt. Der Begriff Manager ist nicht an eine bestimmte Hierarchiestufe gebunden.
Manager, die gleichzeitig Mitglied der Geschäftsleitung sind, sind „Executives".
Management ist die Führung komplexer sozialer Systeme und bedeutet, dass die gegenseitigen Beziehungen zwischen Menschen und Dinge in Entscheidungen und in der tatsächlichen Umsetzung ganzheitlich berücksichtigt werden, demnach das gesamte System und seine Verbindungen zu seinen Umwelten umfasst.

Management-Erfolgsrechnung

Der Managementerfolg ist die Zielgröße für die operative Gesamttätigkeit eines Unternehmens. Er entsteht durch die Addition von Standardergebnis und Saldo des Abweichungsresümees. Im Abweichungsresümee werden - als Bestandteil der Kostenrechnung - alle Abweichungen nach Ursachen und Verantwortungsbereichen zusammengefasst, die nicht in der Verkaufserfolgsrechnung enthalten sind. Der Managementerfolg wird daher aus der Verkaufserfolgsrechnung als mehrstufige Deckungsbeitragsrechnung (Standardergebnis) und aus der Kostenrechnung zusammengefasst. In der Planungsphase stimmen Managementerfolg und Standardergebnis überein, da noch keine Abweichungen aus der Kostenrechnung zu berücksichtigen sind.

Um vom Managementerfolg zum handels- oder steuerrechtlichen Bilanzergebnis überleiten zu können, benötigt man schließlich noch die Abstimmbrücke, in der alle in der führungsorientierten Rechnung anders als in der Bilanz bewerteten Positionen aufgeführt werden. In einer Periode resultiert ein positiver Managementerfolg dann, wenn unter Berücksichtigung der Ist-Erlöse und der Ist-Kosten ein besseres Ergebnis als das geplante Zielergebnis entsteht. Der Managementerfolg ist somit das Betriebsergebnis nach Berücksichtigung des Zielgewinns.

Marktanteil absolut, relativ

Der absolute Marktanteil gibt an, welchen prozentualen Anteil ein Unternehmen am gesamten Marktvolumen eines Marktes hat.

Die Berechnung kann in Mengen- oder Werteinheiten erfolgen und zeigt zeitpunktbezogen die Stärke eines Unternehmens in einem bestimmten Markt bzw. im Zeitablauf die Entwicklung seiner Stellung in diesem Markt auf.

Der relative Marktanteil gibt an, welchen prozentualen Anteil der eigene absolute Marktanteil eines Unternehmens am absoluten Marktanteil des größten Konkurrenten ausmacht.

Die Berechnung kann in Mengen- oder Werteinheiten erfolgen und zeigt zeitpunktbezogen die Stärke eines Unternehmens in einem bestimmten Markt bzw. im Zeitablauf die Entwicklung seiner Stellung in diesem Markt auf.

Statt des absoluten Marktanteils des größten Konkurrenten können je nach Marktsituation auch die Marktanteile der bis zu drei größten Anbieter in den Zähler einbezogen werden. Ist das Unternehmen selbst einer der drei größten Anbieter am Markt, geht der Zähler-Wert mit in den Nenner-Wert ein.

Managementgerüst / Wertgerüst

Das Mengengerüst (Wertgerüst) eines Produktes oder einer Leistung wird durch seine technischen Grunddaten bestimmt. Es findet sich einerseits in der Stückliste (benötigtes Material) und andererseits im Operations- oder Arbeitsplan (Vorgabezeiten in den Kostenstellen und Rüstzeiten). Rezepte sind eine Mischung aus Stückliste und Operationsplan und können ebenfalls als Mengengerüst dienen. Durch Verknüpfung mit dem Wertgerüst lassen sich die Material- und die Fertigungskosten einer Einheit oder eines Auftrages berechnen. Eine Stückliste enthält Information über die Zusammensetzung eines Produkts und listet die bei der Herstellung zu verwendenden Einkaufs- und Einzelteile sowie die Halbfabrikate auf. Für jedes dieser Teile wird auch die Vorgabemenge (im Sinne eines zu erreichenden Ziels) festgehalten. Unter Rüstzeit versteht man die Zeit, die in einer Kostenstelle für das Umrüsten einer bestimmten Maschine benötigt wird, damit nachher ein anderes Gut auf dieser Maschine gefertigt werden kann. Rüstzeiten sind eindeutig dem Auftrag zurechenbar und werden diesem als proportionale / Produktkosten belastet. Ergänzung zum Mengengerüst ist das Wertgerüst. Es ist die wertmäßige Basis zur Kalkulation eines Produkts oder einer Dienstleistung.

Dazu gehören:

1. Plan- oder Standardpreise des im zu kalkulierenden Produkt zu verwendenden Materials
2. Kostensätze der Kostenstellen der Fertigung
3. eventuell geplante Lohnsätze pro Stunde, sofern Einzellöhne Aufträgen und Produkten direkt belastet werden können.

Moderation

Für Controller ist Moderation ein immer wichtiger werdendes Instrument der Kommunikation, da sie Manager bei der Entscheidungsfindung unterstützen sollen. Durch das Beherrschen und geschicktes Einsetzen verschiedener Moderationstechniken (z.B. Mind Mapping, Metaplantechnik usw.) können Controller das kreative Potential von Gruppen fördern und den Ablauf von Entscheidungsprozessen wirksam lenken.

N

Nutzwertanalyse

Die Nutzwertanalyse ist ein nicht monetäres Bewertungsverfahren aus dem Bereich der Kostenrechnung. Mit ihrer Hilfe sollen nicht-monetäre Teilziele vergleichbar gemacht werden, um so eine Entscheidung zwischen mehreren Alternativen treffen zu können.
Die Nutzwertanalyse kann für alle Mehrzielentscheidungen als Hilfestellung eingesetzt werden. Sie wird nach einem Ablaufschema durchgeführt:

- Ober- und Unterziele bestimmen und in einer Zielhierarchie sortieren
- Kriterien ableiten, die aus diesen Zielen hervorgehen

- Festlegung der KO-Kriterien und der Soll-Kriterien
- Gewichtung Soll-Kriterien (Wie wichtig ist dieses Kriterium zur Erreichung des Oberziels?)
- Punktebewertung (1 schlecht - 10 sehr gut) der Varianten für die jeweiligen Kriterien
- jeweilige Gewichtung des Kriteriums mit der Punktbewertung der Alternativen multiplizieren
- Die Summe aller Multiplikationen einer Alternativen ergeben das Endergebnis.
- Die Alternative mit den meisten Punkten ist nach der subjektiven Bewertung der Kriterien die sinnvollste.
- Wenn notwendig kann zur Überprüfung der Robustheit des Ergebnisses eine Sensitivitätsanalyse durchgeführt werden. Wobei die Gewichtung der Kriterien sinnvoll verändert wird.

O

Opportunitätskosten

Als Opportunitätskosten bezeichnet man die Kosten der alternativen Verwendung eines knappen Faktors. Sie sind in Entscheidungsrechnungen zu berücksichtigen, wenn eine Engpasssituation besteht. Kann beispielsweise wegen mangelnder Produktionskapazität ein Produkt nicht in genügender Anzahl hergestellt werden, sind die dadurch vorauszusehenden Deckungsbeitrag I-Verluste die Opportunitätskosten für die Bevorzugung des anderen Produktes.

P

Planleistungen / Plankosten

Planleistung ist die Leistung, die eine Kostenstelle durchschnittlich pro Monat erbringen soll, ausgedrückt in Bezugsgrößeneinheiten. Sie wird durch Berechnungen und Schätzungen aus dem Absatzmengenplan, aus dem Produktionsprogramm und aus den Arbeitsgängen, die in der zu planenden Kostenstelle auszuführen sind, abgeleitet. Ist diese analytische Festlegung nicht möglich, definiert man eine erwartete Beschäftigung als Planleistung.

Plankosten sind das Resultat der Kostenplanung. Sie werden analytisch bestimmt, in dem jede Kostenstelle angibt, welche Mitarbeiter, Hilfsmittel, Anlagen und sonstige

Leistungen zur Erbringung der Planleistung notwendig ist. Die sich ergebenden Mengen werden dann mit den Planpreisen multipliziert.

Planung und Planungssystematik

Planung ist die gedankliche Vorwegnahme möglicher zukünftiger Zustände, die Auswahl der anzustrebenden Zustände (Ziele) und die Festlegung der dazu umzusetzenden Maßnahmen. Damit soll das Unternehmen laufend an interne und externe Veränderungen angepasst werden, wobei Entscheidungen unter Berücksichtigung zukünftiger Wirkungen zu treffen sind. Als Controller ist man auf eine vernetzte und in sich konsistente Planungssystematik angewiesen. Dabei haben sich in der Praxis folgende Planungsstufen bewährt:

Planungsstufe	Hauptfrage	Entscheidungsinhalte	Planelemente
Unternehmenspolitik	**Wer** wollen wir sein?	Hauptziele und Rahmenbedingungen festlegen	Vision, Leitbild Unternehmens-konzepte
Strategische Planung	**Wohin** wollen wir?	Erfolgspotentiale finden und auswählen	Strategische Pläne
Operative Planung	**Wie** erreichen wir die Ziele?	Erfolgspotentiale ausschöpfen oder neu aufbauen	Mittelfristplanung Jahresplanung
Disposition	**Wie reagieren** wir bei Störungen?	Korrigieren, um Ziele einzuhalten	Erwartungs-rechnung
Ausführung			

Die operative Planung besteht aus der Mittelfristplanung, als Scharnier zur meist langfristigen Strategie, und aus der Jahresplanung. Operative Planung ist die Konsequenz aus der strategischen Planung und soll in Planwerten festhalten, wie die Ziele portioniert werden und zu erreichen sind. Die Jahresplanung dient auch als Basis für den Soll-Ist-Vergleich.

Die operative Planung sorgt für die Verwirklichung aufgrund realer Gegebenheiten. Sie dient der nachhaltigen und gezielten Nutzung bestehender Erfolgspotentiale auf dem Aufbau der neuen in der Strategie ausgewählten Erfolgspotentiale.

Die strategische Planung gibt der der operativen Planung einen Sinn und dem Menschen, die mitarbeiten, die Motivation.

Portfoliokonzept / Portfolioanalyse

Das Portfolio-Konzept wurde ursprünglich im Finanz- und Investitionsbereich entwickelt, um die optimale Zusammensetzung eines Wertpapier-Portefeuilles anhand der Kriterien Rendite und Risiko zu beurteilen. Dieses Konzept wurde in die strategische Planung übernommen. Es werden Portfolio-Matrizen gebildet, mit denen ganze Unternehmen, strategische Geschäftsfelder oder Produktgruppen bzw. einzelne Produkte im Hinblick auf ihre strategische Positionierung beurteilt werden. Der Grundgedanke dabei ist, dass Geschäfte in unterschiedlichen Wettbewerbssituationen bzw. Märkten strategisch jeweils anders gesteuert werden müssen.

Portfoliomodelle dienen zur anschaulichen Darstellung und Charakterisierung von strategischen Alternativen. Sie können:

- zur Darstellung der Ist-Situation als Ergebnis der Analysephase der strategischen Planung,
- zur Veranschaulichung der strategischen Stoßrichtung,
- zur Verdeutlichung der Veränderung von Markt- und Wettbewerbssituationen im Zeitablauf sowie
- zur Analyse der erforderlichen Basisstrategien verwendet werden.

Gegenstand der Portfolioanalyse sind strategische Geschäftsfelder. Hierunter sind abgegrenzte Bereiche eines Unternehmens im Hinblick auf die eigenständige Vermarktung und die Konfrontation mit Wettbewerbern zu verstehen. Strategische Geschäftsfelder müssen sich nicht zwingend mit der Organisation des Unternehmens decken. Sie können sich über mehrere organisatorisch getrennte Unternehmensbereiche erstrecken. Als strategisches Geschäftsfeld kann das Unternehmen insgesamt, ein Unternehmensbereich, eine Produktgruppe verwandter Produkte oder auch ein einzelnes Produkt gesehen werden. Genau so kann auch ein bestimmtes Marktsegment, das mit verschiedenen Produkten bedient wird, ein strategisches Geschäftsfeld bilden. Die Portfolioanalyse baut auf einer sogenannten Portfoliomatrix auf. Auf einer Achse der Matrix wird eine unternehmensintern beeinflussbare Komponente (z. B. Marktanteil), auf der anderen Achse der Matrix eine vom Unternehmen nicht beeinflussbare Umwelt-/Marktkomponente (z. B. Marktwachstum) abgebildet.

Die Idee der zweidimensionalen Darstellung von Entscheidungsproblemen in Form einer Matrix wird für viele Entscheidungsprobleme auf Basis nicht oder schwer quantifizierbarer Kriterien analog angewendet (Beispiel: Beurteilung von EDV-Entwicklungsprojekten in Bezug auf den Grad der organisatorischen Verbesserung und den durch das Projekt verursachten Aufwand).

Der Portfolioansatz ist in der strategischen Planung als Instrument zur Analyse der Wettbewerbssituation weit verbreitet. Ausgehend vom ursprünglichen Konzept haben sich für verschiedene Fragestellungen unterschiedliche Portfoliomodelle herausgebildet. Als wichtigste Typen lassen sich unterscheiden:

- Marktwachstums-/Marktanteils-Portfolio
- Marktattraktivitäts-/Wettbewerbsstärken-Portfolio
- Technologie-Portfolio
- Innovations-Portfolio

Darüber hinaus wurden für verschiedene, besondere Fragestellungen weitere Portfoliomodelle gebildet, die - aufbauend auf dem Grundkonzept - die entsprechende Anpassung vornehmen.

Dieses wohl gebräuchlichste Portfoliomodell wurde von der Boston Consulting Group entwickelt und wird häufig auch als Boston-Matrix bezeichnet. Als Kriterien werden der Marktanteil und das Marktwachstum herangezogen. Der Marktanteil repräsentiert die unternehmensinterne Komponente, das Marktwachstum die vom Unternehmen nicht beeinflussbare Umwelt-/Marktkomponente.

Wichtig dabei ist, dass der Marktanteil relativ zum (größten/bedeutendsten) Wettbewerber gemessen wird. Dies beruht auf der Erkenntnis, dass nicht der Marktanteil absolut, sondern die jeweiligen Abstände zum Wettbewerber die strategische Position bestimmen. Aufbauend auf dem empirisch nachgewiesenen Effekt der Erfahrungskurve spiegelt der Marktanteil die Kostenposition des Unternehmens im Markt wider. Große Marktanteile verkörpern danach das Potential niedriger Kosten und damit das Potential zur Kostenführerschaft in einem Markt.

Das Marktwachstum als zweite Dimension des Portfolios charakterisiert aufbauend auf dem Konzept der Lebenszykluskurve den Markt. Nach dem Lebenszykluskonzept sind Märkte in jeder Phase des Produktlebenszyklus durch ein unterschiedliches Wachstum geprägt. Die Möglichkeiten zur Gewinnung von Marktanteilen in wachsenden Märkten und in stagnierenden Märkten unterscheiden sich deutlich voneinander.

Durch Unterteilung der beiden Achsen Marktanteile und Marktwachstum in hoch und niedrig entstehen vier Felder. Die strategischen Geschäftsfelder des Unternehmens werden nun als Kreise in die Matrix eingeordnet. Umsatzvolumen, Deckungsbeitragsvolumen oder Cash-flow der einzelnen Geschäftsfelder werden über die Größe des jeweiligen Kreises berücksichtigt.

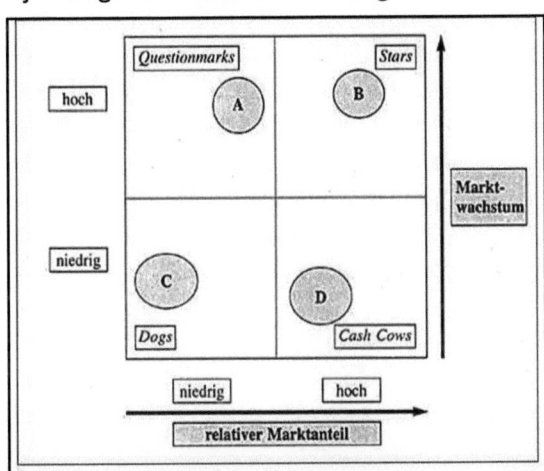

Die vier Felder der Matrix geben unterschiedliche strategische Positionierungen wieder, denen spezielle Namen zugeordnet sind. Weiterhin lassen sich für diese Felder Normstrategien formulieren.

- Star-Feld: gekennzeichnet durch hohes Marktwachstum und einen hohen relativen Marktanteil. Geschäftsfelder, die in dieses Matrixfeld eingeordnet werden können, sind zu fördern. Hier ist zu investieren, damit der relative Marktanteil verbessert oder gehalten werden kann.
- Cash-Cow-Feld: gekennzeichnet durch einen hohen relativen Marktanteil, aber ein nur geringes Marktwachstum. Märkte mit einem niedrigen Wachstum sind in der Regel reife Märkte. In Abhängigkeit von der zu erwartenden weiteren Entwicklung dieses Marktes ist eine Abschöpfungsstrategie oder eine Rückzugsstrategie zu empfehlen.
- Dog-Feld ("Armer Hund"): gekennzeichnet durch einen niedrigen relativen Marktanteil und ein niedriges Marktwachstum. Da der Markt keine Wachstumsperspektiven bildet und die Stellung gegenüber dem Wettbewerb schlecht ist, sollte als Normstrategie der Rückzug aus diesem Geschäft verfolgt werden.
- Questionmark-Feld (Fragezeichen): gekennzeichnet durch einen niedrigen relativen Marktanteil, aber ein hohes Marktwachstum. Hier stellt sich die Frage nach der erreichbaren Zukunftsposition. Einmal kann eine verstärkte Wachstumsstrategie zum Ausbau der Marktposition als Basisstrategie sinnvoll erscheinen oder aber die Entscheidung für einen Rückzug angeraten sein, wenn die Erfolgschancen weiterer Investitionen nicht hoch eingeschätzt werden. Geschäftsfelder im Questionmark-Feld sind die strategisch am schwierigsten zu beurteilenden Geschäfte.

Die Stärke des Marktwachstums-/Marktanteils-Portfolios liegt darin, dass der Erfolg eines Geschäftsfeldes auf zwei hochverdichtete Schlüsselfaktoren, nämlich Marktwachstum und Marktanteil, zurückgeführt wird. Beim Marktanteil handelt es sich nicht um eine absolute, sondern um eine relative Größe. Die Relativierung wird im Verhältnis des eigenen Marktanteils zum Marktanteil des stärksten Konkurrenten ausgedrückt. Es wird unterstellt, dass eine positive Abhängigkeit zwischen Erfolg und relativem Marktanteil besteht. Dies wird durch die PIMs-Studie[1] empirisch gestützt. Geht man davon aus, dass das Verhältnis von mengenmäßigem Marktanteil und den kumulierten Produktionsmengen in etwa gleich ist, so verfügen Unternehmen mit einem hohen relativen Marktanteil über ein hohes Kostensenkungspotential infolge ihrer Erfahrung. Sie haben damit die Chance, den Kostenvorteil auf die Gewinnsituation zu übertragen.

Der zweite Schlüsselfaktor Marktwachstum gibt Auskunft über die Geschwindigkeit, mit der es gelingt, in einem Markt die kumulierten Produktionsmengen zu verdoppeln, und damit über die Geschwindigkeit, in der die Kostenvorteile aus der

Erfahrungskurve umgesetzt werden können. Hohe Marktwachstumsraten beschleunigen den Erfahrungskurveneffekt und führen zu einem erheblichen Rückgang der Stückkosten. Außerdem erleichtern hohe Zuwachsraten im Markt die Vergrößerung des Marktanteils, da der Kampf um Marktanteile in schnell wachsenden Märkten nicht in der gleichen Härte wie in stagnierenden oder schrumpfenden Märkten stattfindet.

Die für die Einordnung der Geschäftsfelder notwendige Skalierung der Achsen der Portfoliomatrix ist relativ einfach, da zwei quantifizierbare Größen als Erfolgsfaktoren gewählt werden. Das Marktwachstum wird in der Regel linear skaliert, wobei ursprünglich ein Marktwachstum von 10% und mehr als hoch und ein darunter liegendes Wachstum als niedrig eingestuft wurden. In der heutigen eher rezessiven wirtschaftlichen Situation wird man ein Marktwachstum oberhalb der Zuwachsrate des Bruttosozialprodukts der entsprechenden Wirtschaftsregion als hoch und eines darunter als niedrig einstufen.

Der relative Marktanteil als Kriterium wird in der Regel logarithmisch skaliert; die Grenzziehung von hoch und niedrig findet bei einer Verhältniszahl von 1,0 bis 1,5 statt. Dies resultiert aus der Erfahrung, dass Kostenvorteile eines Marktführers sich erst dann deutlich bemerkbar machen, wenn der Marktführer einen um 50% höheren Marktanteil als der nächste Konkurrent hat. Geschäftsfelder mit Kostenführerschaft und einem relativen Marktanteil zwischen 1,0 und 1,5 sind besonders kritisch wegen ihrer schwachen Marktführerschafts-Stellung zu durchleuchten.

Liegt die Stärke dieses Portfoliomodells in seiner einfachen Struktur, so ist dies auch gleichzeitig der Anknüpfungspunkt der Kritik. So wird bemängelt, dass die Beschränkung auf nur vier Felder die Zuordnung von Mittelpositionen in der Praxis häufig erschwert und dadurch die Ableitung von Normstrategien problematisch wird. Die zweite Kategorie von Einwänden richtet sich gegen die Verwendung der nur zwei hochverdichteten Schlüsselfaktoren Marktwachstum und relativer Marktanteil. Es wird gefordert, die Wettbewerbsposition als Ganzes zu betrachten und nicht nur den Marktanteil als Maßstab zu sehen. Teilweise wird die Branchenattraktivität als Ganzes dem Marktwachstum als alleinigem Indikator vorgezogen.
Letztlich wird als Kritik gegen das Marktanteils-/Wachstums-Portfolio vorgebracht, dass eindeutige Normstrategien nur für das Star-Feld vorgegeben sind. Für die Beurteilung der geeigneten Strategie für Cash-Cows und insbesondere der Questionmarks ist die erwartete Zukunftsperspektive entscheidend. Es muß eine zusätzliche Aussage darüber herbeigeführt werden. Ein Cash-Cow-Geschäftsfeld kann gegebenenfalls seine Marktstellung nicht behaupten und geht ins Dog-Feld über. Letztlich kann auch ein Geschäft im Star-Feld zum Questionmark oder Dog werden.

Primäre und sekundäre Kosten

Primäre Kosten ergeben sich aus dem Verzehr von Leistungen bzw. Produktionsfaktoren, die extern bezogen wurden. Sekundäre Kosten entstehen bei dem Verbrauch selbsterstellter Güter.

Die Kostenartenrechnung sollte folgenden vier Grundsätzen folgen:

- Grundsatz der Reinheit: Eindeutigkeit der Kostenarten
- Grundsatz der Einheitlichkeit: keine Überschneidungen; Beibehaltung der Zuordnung über mehrere Perioden, um die Vergleichbarkeit zu gewährleisten
- Grundsatz der Vollständigkeit: Verzeichnung aller Kosten
- Grundsatz der Wirtschaftlichkeit: Kosten-Nutzen-Relation

Produktionsplanung und –steuerung (PPS)

Das PPS-Controlling bezeichnet die gezielte Regelung der Produktionsplanung und -steuerung unter Berücksichtigung logistischer Zielgrößen. Es werden zunächst Controlling-Systeme im Regelkreis der PPS sowie Ziele und Kennzahlen beschrieben. Anschließend werden der Controlling-Ansatz der Engpassorientierten Logistikanalyse sowie die Implementierung eines PPS-Controlling-Systems vorgestellt.
Die Verdichtung der zahlreichen, in einem Unternehmen zur Verfügung stehenden Informationen erfolgt durch Kennzahlen. Sie führen die Fülle der im Unternehmen vorhandenen Informationen auf wenige numerische Größen zusammen und sind die Grundlage für die Entscheidungen, die das Controlling in der Produktionsplanung und -steuerung vorbereitend unterstützt [Horváth, 2003, S. 566 f].
In der Praxis werden häufig recht komplexe Kennzahlensysteme eingesetzt, bei denen die Beziehungen zwischen den einzelnen Kennzahlen nicht deutlich werden. Dies kann vermieden werden, wenn das Controlling und das dort eingesetzte Monitoring folgenden Anforderungen genügen:
Das PPS-Controlling erfolgt auf Basis eines durchgängigen logistischen Prozessmodells,

- es basiert auf den im Betrieb vorhandenen bzw. erhobenen Daten,
- der Prozess wird in Form von Graphiken visualisiert,
- die berechneten Kennzahlen beschreiben das Systemverhalten,
- die Wirkung von Stellgrößen wie Bestand, Kapazität und Prioritätsregel auf die Zielgrößen lassen sich erkennen und
- die gegenseitige Abhängigkeit der Kennzahlen ist ersichtlich [Wriggers, 2008, S. 363].

Produktkosten (Proko)

Produktkosten sind die Kosten, die das zu verkaufende Produkt oder die extern zu verkaufende Dienstleistung selber verzehrt; die ihre physische Existenz ausmachen. Den technischen Hintergrund bilden: Stückliste, Rezept und Arbeitsplan. Produktkosten sind immer je Kalkulationseinheit formuliert je Stunde, je Stück, je Kilogramm, je Auftrag. Daraus folgt, daß es dazukommende Kosten sind für „eine Einheit mehr". Die Produktkosten werden auch als „Grenzkosten" oder proportionale Kosten bezeichnet.

Prognosen

Prognosen treffen Aussage über zukünftige Ereignisse, bes. zukünftige Werte ökonomischer Variablen, beruhend auf Beobachtungen aus der Vergangenheit und auf theoretisch fundierten objektiven Verfahren. Prognose richtet sich v.a. auf Variablen, die nicht oder kaum durch denjenigen gestaltbar sind, der die Prognose vornimmt.
Grundlage jeder Prognose ist eine allg. Stabilitätshypothese, die besagt, dass gewisse Grundstrukturen in der Vergangenheit und Zukunft unverändert wirken.

Projektcontrolling

Projektcontrolling bezeichnet das Controlling innerhalb eines Projekts. Es ist eine der Kernaufgaben der Projektleitung. Das übergeordnete Controlling eines Projekts aus Unternehmenssicht hingegen ist Aufgabe des Programm- bzw. Portfoliomanagements und wird entsprechend als Programm- oder Projektportfolio-Controlling bezeichnet.
Das Ziel von Projektcontrolling ist es, den tatsächlichen Projektablauf hinsichtlich Kosten, Terminen und Ergebnissen so gut wie möglich in Übereinstimmung mit dem geplanten Projektablauf zu halten. Projektcontrolling setzt Projektplanung voraus, da ohne Projektplan keine Bezugsgrößen zum Vergleich mit den Ist-Daten existieren.
Projektcontrolling umfasst grundsätzlich die beiden Bereiche Überwachung und Steuerung. Allerdings werden die drei Begriffe "Controlling", "Überwachung" und "Steuerung" häufig unscharf oder mehrdeutig eingesetzt. Beispielsweise wird "Controlling" oft nur in der Bedeutung "Überwachung" verwendet. Der in englischsprachigen Standards verwendete Begriff "Control" wiederum wird meist nur mit "Steuerung" übersetzt. Unterschiedliche Abgrenzung erfährt der Begriff des Projektcontrollings hinsichtlich der Aufwandserfassung und der Durchführung von Steuerungsmaßnahmen. Teils werden diese Bereiche noch dem Projektcontrolling zugeordnet, teils davon abgegrenzt.

Proportionale Kosten

Proportionale Kosten sind die Kosten, die entstehen, weil ein Produkt oder eine Dienstleistung erstellt wird. Sie werden durch die Struktur der Kostenstellenleistung oder des Produkts (Stücklisten, Arbeitspläne, Rezepturen) festgelegt. Welcher Anteil von Kosten sich proportional zur Leistung verhält, wird in der Kostenplanung bestimmt. Werden im Ist weniger Leistungen erbracht als geplant, werden proportionale Kosten in Strukturkosten umgewandelt, weil sie nicht in die Produkte „hineinschlüpfen" können. Bei höherer als geplanter Leistung werden umgekehrt die Strukturkosten in proportionale Kosten umgewandelt, die vorgehaltene Kapazität wird vermehrt für die Erstellung produktiver Leistungen eingesetzt. Proportionale Herstellkosten sind ein Synonym für Produktkosten. Diesen beiden Begriffen werden auch die „variablen Kosten" gleichgestellt. Controller sollten jedoch den Begriff variable Kosten nicht verwenden, da damit sehr oft die Begriffspaare beeinflussbare/kalkulatorische und Produktkosten/Strukturkosten vermengt werden, was zu Fehlentscheidungen und zu Kommunikationsbarrieren führt.

Prozesskostenrechnung

Der Grundgedanke der Prozesskostenrechnung ist, die Gemeinkosten (Kosten; Gemeinkostencontrolling) der indirekten Leistungsbereiche nicht mehr über undifferenzierte Zuschlagsschlüssel auf die Kalkulationsobjekte zu verteilen, sondern entsprechend der tatsächlichen Inanspruchnahme der betrieblichen Aktivitäten oder Tätigkeiten durch die Kalkulationsobjekte. Die Prozesskostenrechnung kann somit definiert werden als ein System der Kostenrechnung (Kostenrechnung, Prüfung der), in welchem Gemeinkosten durch Auflösung in dahinter liegende Vorgänge (Aktivitäten/Prozesse) über quantitative Bezugsgrößen (Cost Driver) verrechnet werden, die wiederum Maßausdrücke für die Vorgangs-(Aktivitäten/Prozess-) Mengen darstellen.

Q

Qualität

Nach ISO 8402 ist Qualität die Gesamtheit von Merkmalen einer Einheit bezüglich Ihrer Eignung, festgelegte und vorausgesagte Erfordernisse zu erfüllen. Während Qualität traditionell als eine Eigenschaft von Produkten und Dienstleistungen verstanden wurde, erstreckt sich der Qualitätsbegriff im Rahmen von Total-Qualtity-Konzepten über das gesamte Unternehmen. Neben den Kundenanforderungen treten die Anforderungen von Mitarbeitern, Kapitalgebern und Öffentlichkeit an das

Management, an deren Erfüllung sich die umfassende Qualität eines Unternehmens misst.

R

Rentabilität

Die Rentabilität gibt das Verhältnis einer Erfolgsgröße zum eingesetzten Kapital einer Rechnungsperiode wieder. Beide Größen können zahlungs- und bilanzorientiert gemessen werden.

So gibt u.a. die Umsatzrentabilität den Anteil des Gewinns gemessen am Umsatz vor Abzug von Ertragssteuern und Zinsen (EBIT) an:

$$Umsatzrentabilität = \frac{Gewinn\ vor\ Ertragssteuern\ und\ Zinsen\ (EBIT)}{Umsatz}\ x\ 100$$

Return on Investment (ROI)

Der Return on Investment ist das, was aus dem Investment "zurückkehren" soll. Er drückt somit das Gewinnziel aus. Der Gewinn wird auf das investierte, betriebsnotwendige Vermögen bezogen, weil die Führungskräfte den Gewinn mit der Investition - mit den vorhandenen Gütern - erarbeiten müssen. Die Kennzahl ROI lässt sich zerlegen in zwei Grundkomponenten:

ROI = Umsatzrentabilität x Kapitalumschlag

$$ROI = \frac{Gewinn\ vor\ Ertragssteuern\ und\ Zinsen\ x\ 100}{Umsatz}\ x\ \frac{Umsatz}{betriebsn.\ Vermögen}$$

Gesamtkapitalrentabilität ist der deutsche Begriff für ROI. Dabei ist jedoch als Basis das betriebsnotwendige Vermögen zu verwenden und nicht die unbereinigte Bilanzsumme.

S

Sensitivitätsanalyse

Verfahren zur Prüfung der Empfindlichkeit (Stabilität) eines Rechenergebnisses bei Variation des Dateninputs der Rechnung. Im Folgenden wird diese Methode am Beispiel betrieblicher Investitionsentscheidungen erläutert. Sie ergänzt dort Investitionsrechnungen, die unter der Annahme sicherer Erwartungen durchgeführt werden; denn sie zeigt die Auswirkungen einer tatsächlich bestehenden Unsicherheitssituation in Bezug auf die Datengrundlage der Investitionsrechnung auf. Ein bezüglich der Variation des Dateninputs wenig empfindliches Rechenergebnis deutet auf eine geringe Bedeutung des Unsicherheitsproblems für die Investitionsentscheidung hin.

Shareholder / Shareholder Value

Unter Shareholder Value versteht man ein in Methoden, die gerne auch unter dem Sammelausdruck wertorientierte Betriebswirtschaft, wertorientierte Unternehmensführung oder Value Based Management diskutiert werden. Im Mittelpunkt des Interesses stehen der Economic Value Added (EVA) ™ (nach Stern/Stewart) und eben der Shareholder Value (Initial-Autor Alfred Rappaport).

Folgende Definitionen haben Gültigkeit:

Shareholder Value	=	Unternehmenswert – Fremdkapital
Unternehmenswert	=	Gegenstandswert aller zukünftigen Free Cash Flows
Kapitalkostensatz	=	FKZ x FKA x (1 – t) + (Beta x (MKZ – RFZ) + RFZ) x EKA

FKZ	=	vom Unternehmen durchschnittlich für das Fremdkapital bezahlte Zinsen
FKA	=	Fremdkapitalanteil an der Bilanzsumme
t	=	Ertragssteuersatz vom Gewinn vor Steuern
Beta	=	Beta-Faktor, er zeigt an, wie stark der Aktienkurs schwankt, wenn der Börsenindex um eine Einheit steigt
MKZ	=	Erwartete durchschn. Marktrendite für eine Branche oder einen Markt
RFZ	=	Zinssatz für Risikolose Geldanlage
EKA	=	Eigenkapitalanteil an der Bilanzsumme

Soll-Ist-Vergleich (Abweichungsanalyse)

Soll-Ist-Vergleich im weiteren Sinne ist der Vergleich der Istwerte und -leistungen mit dem „was hätte sein sollen". In dieser Form bezieht sich der Begriff auf das Gesamtunternehmen. Mit dem enger gefassten SIV ist innerhalb der Kostenstellen der Vergleich der Sollkosten, die bei wirtschaftlicher, d.h. plangemäßer Leistungserstellung hätten entstehen sollen, mit den belasteten Ist-Kosten gemeint. Daraus resultiert die Verbrauchsabweichung. Die Hintergründe dieser Abweichungen werden im SIV analysiert, damit man festlegen kann, wie man diese Abweichungen in Zukunft vermeiden kann, bzw. welche Korrekturmaßnahmen durchgeführt werden sollen.

Sollkosten

Sollkosten sind die Plankosten der Istbeschäftigung, das heißt der effektiv erbrachten Leistung. Berechnungsweise:

Sollkosten = (Istleistung x proportionaler Plankostensatz) + geplante Strukturkosten

oder:

Sollkosten = (Beschäftigungsgrad x geplante prop. Kosten) + gepl. Strukturkosten).

Dabei ergibt sich der Beschäftigungsgrad, indem die Ist-Beschäftigung in Prozenten der Planbeschäftigung ausgedrückt wird.

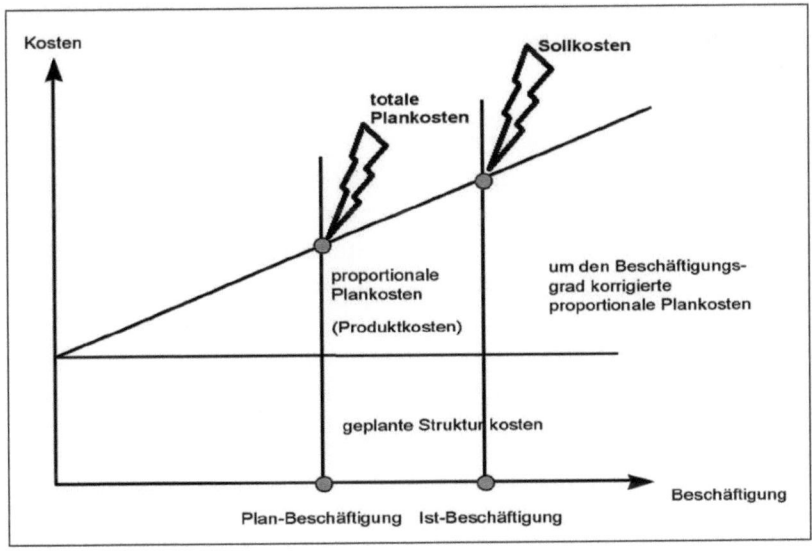

Die Sollkosten zeigen, was die Istleistung gemäß Planung hätte kosten sollen. Da die Plankosten Zielwerte sind, die es zu erreichen gilt, kann man somit auch sagen, dass die Sollkosten der Maßstab für die Wirtschaftlichkeit der effektiven Leistungserstellung sind.

Sondereinzelkosten (SEK)

Sondereinzelkosten sind die in der Zuschlagskalkulation im Rahmen der Vollkostenrechnung über Einzelmaterial und Fertigungslöhne hinaus auftragsweise erfassbaren Einzelkosten, die nicht in die Kostenstellenrechnung einbezogen werden. Sie werden den Kostenträgern direkt angerechnet.

Stakeholder

Unter Stakeholder versteht man Anspruchsgruppen. Es sind alle internen und externen Personengruppen, die von den unternehmerischen Tätigkeiten gegenwärtig oder in Zukunft direkt oder indirekt betroffen sind. Gemäß Stakeholder-Ansatz wird ihnen - zusätzlich zu den Eigentümern (Shareholders) - das Recht zugesprochen, ihre Interessen gegenüber der Unternehmung geltend zu machen. Eine erfolgreiche Unternehmungsführung muss die Interessen aller Anspruchsgruppen bei ihren Entscheidungen berücksichtigen (Social Responsiveness).

Standartkostenrechnung / Plankostenrechnung

Die Standartkostenrechnung ist ein im Rahmen der flexiblen Plankostenrechnung auf Vollkostenbasis verwendetes Kostenrechnungssystem, das mit Festpreisen, die sich üblicherweise bei den bisherigen Materialeinkäufen oder Lohnzahlungen ergeben haben, kalkuliert.

Die Standardkosten basieren dabei auf einer angenommenen Normalbeschäftigung. Die Standardkostenrechnung ist eine Entwicklungsform der Plankostenrechnung, in der sämtliche Leistungsbezüge immer zu standardisierten Sätzen verrechnet werden. Bezüge ab Lager bewertet man immer zum Standard-Einkaufspreis und Leistungen von Kostenstellen immer zum Plankostensatz. Dies hat den großen Vorteil, dass im Soll-Ist-Vergleich Abweichungen, die in vorgelagerten Systemen entstanden sind, nicht auf nachgelagerte Systeme durchschlagen. Damit entspricht man der Forderung der Verantwortlichkeitsrechnung, nämlich nur solche Kosten auszuweisen, die auch beeinflussbar sind.

Standards of Performance

Die Standards of Performance (SOPs) gehören begrifflich zu den Strukturkosten und drücken die Produktivität von Verwaltungsleistungen aus. Auch sie haben einen Output, der wie bei den direkt produktiven Kostenstellen mit Hilfe von Bezugsgrößen/Leistungsarten planbar ist und erfassbar gemacht werden kann. Die SOPs helfen mit, Strukturkosten auf ihre Angemessenheit zu prüfen, um diesen Teil des Leistungsgefüges im Unternehmen transparent zu machen. SOPs können sowohl quantitativer (Anzahl Buchungen, Bestellungen usw.) als auch qualitativer Natur (Fluktuationsrate, Kundenzufriedenheit usw.) sein. Ein Standard of Performance ist das Maß für die mögliche Leistung einer Stelle. SOPs werden geplant wie der Beschäftigungsgrad einer Kostenstelle. Es soll versucht werden, die in der Stelle installierte Kapazität möglichst gut an den erwarteten Marktbedarf (extern und intern) anzupassen. Durch die Gegenüberstellung der Leistungsmengen und der Plankosten könnten auch Kostensätze für Prozesse oder innerbetriebliche Leistungstarife berechnet werden (Vorgangs- oder Prozesskostensätze).

Strategie

Strategie heißt Ursprünglich die „Kunst der Heeresführung" (griechisch: strategos), wird der Strategiebegriff heute auf viele Arten definiert. Eine gängige Definition setzt Strategie gleich mit „den Plänen des Top-Managements, jene Ergebnisse zu erreichen, die sich mit der Mission und den Zielen der Organisation decken" (Wright/Pringle/Kroll)

Die genannte Definition stellt ein Verständnis von Strategie dar, welches gerade unter Praktikern, aber auch in vielen wissenschaftlichen Publikationen und Lehrbüchern, vorherrscht. Die Literatur zum Fachgebiet des Strategischen Managements bietet jedoch auch ganz andere Sichtweisen, die im Folgenden kurz umrissen werden sollen. Eine grobe Kenntnis der verschiedenen Sichtweisen hilft zum einen, die zahlreichen Veröffentlichungen zum Strategischen Management besser einordnen zu können, zum anderen ermöglicht sie es, auf spezifische Situationen und Aufgabenstellungen angemessen einzugehen.

Strategische Werkzeuge

Das Controlling hat eine bereichsübergreifende Funktion im Unternehmen, die die Steuerung des Unternehmens unterstützt. Es besteht eine grundsätzliche Unterscheidung in operatives Controlling und strategisches Controlling. Das operative Controlling konzentriert sich auf quantifizierte Größen als Grundlage für den Steuerungsprozess, während das strategische Controlling die qualitativen Faktoren in den Planungsprozess mit einbezieht.

Das operative und das strategische Controlling können nicht streng voneinander getrennt werden, denn es besteht eine ständige Wechselwirkung zwischen diesen beiden Bereichen. Die operative Planung hängt sehr stark von der strategischen Planung ab. Umgekehrt liefern operative Überlegungen wichtige Impulse für die strategische Ausrichtung des Unternehmens.

Strategischer Controlling-Instrumente sind:

- strategische Planung (5 und mehr Jahre)
- Stärken- Schwächen-Analyse
- Gap-Analyse
- Szenario-Analyse
- Potenzialanalyse (SWOT Analyse)
- Wettbewerbsanalyse
- Produktlebenszyklus-Analyse
- Vorteils-Matrix
- Produkt-Markt-Matrix
- Portfolioanalyse
- Marktanteils- und Marktwachstums-Analyse (Vier-Felder-Matrix)
- Marktattraktivitäts- und Wettbewerbsstärken-Analyse (Neun-Felder-Matrix)
- Balanced Scorecard
- target costing
- Benchmarking
- Six Sigma

Strukturkosten

Strukturkosten sind Kosten, die den organisatorischen Rahmen in der Akquisition, in der Werbung, in der Forschung für neue Produkte, in der Werks-Administration, in der kaufmännischen Verwaltung, in der Logistik, in der Unternehmenskultur, in der Navigationsfähigkeit des Unternehmens abbilden. Auch die Strukturkosten sind vorgangsrelevant zu planen, im Verbund mit Standards of Performance (SOP) für Qualitäten und für Mengen. Die Strukturkosten werden auch Fixkosten,

Periodenkosten oder Bereitschaftskosten genannt. Sie sind von Haus aus periodenbezogen formuliert.

Substanzerhaltung

Wesentliche Voraussetzung für die Fortführung eines Unternehmens ist die Substanzerhaltung. Darunter versteht man die Erhaltung des Kapitals. Diese ist ein wichtiges unternehmerisches Ziel, da dadurch der Betrag erhalten bleibt, den man im Verlustfall zum Vermögensersatz aufwenden müsste. Man unterscheidet zwischen nomineller und realer Kapitalerhaltung. Die nominelle Kapitalerhaltung bestimmt die Leistungsfähigkeit eines Betriebs anhand seines nominalen Geldkapitals. Das Kapital bleibt also im Zeitablauf gleich. Die reale Kapitalerhaltung hingegen legt als Maßstab die hinter den Geldmengen stehenden Güter zugrunde. Wenn ein Unternehmen am Ende einer Periode über das gleiche Kaufkraftvolumen wie zu Beginn verfügt, spricht man von Substanzerhaltung.

T

Target Costing

Das Ziel des Target Costing ist die Anpassung der Produkt- und Leistungskosten an die Marktbedürfnisse. Ausschlaggebend für die Herangehensweise ist der Zahlungswille der Kundschaft. Es wird subjektiv beurteilt und mit der Konkurrenz verglichen. Die Vorlieben sollen anhand von Marktbeobachtungen ermittelt werden. Aus diesen Gründen verlangt das Target Costing eine detaillierte Kostenplanung und eine zeitige Suche nach den preiswertesten Lieferanten. Die Zielkostenrechnung beschäftigt sich im Vorhinein mit dem Punkt was ein Erzeugnis kosten darf unter Verwendung einer retrograden Kalkulation.

Time-based Management

Hierbei handelt es sich um eine aus Japan stammende Führungsphilosophie, die den Faktor „Zeit" als kritischen Erfolgsfaktor erkennt und sie an Stelle von Kosten als Erfolgsmaßstab verwendet. Durch einen effizienten Umgang mit der Ressource „Zeit" sollen gleichzeitig die Produktkosten gesenkt und die Servicequalität erhöht werden.

Total Quality Management (TQM)

Total-Quality-Management ist nicht als alleinstehendes Tool des Managements zu verstehen. Vielmehr ist Total-Quality-Management, abgekürzt durch TQM, ein ganzheitliches Konzept, um in allen Unternehmensbereichen und auf allen Ebenen Qualität als jederzeit angestrebtes Ziel zu integrieren. Dies bedeutet, dass unter der Mitwirkung der gesamten Mitarbeiter alle Prozesse dahingehend überprüft werden, dass die Produkte oder Dienstleistungen durch hohe Qualität gekennzeichnet sind. TQM ist also ein Ansatz der Unternehmensführung, mit dem eine dauerhafte Optimierung von Prozessen und Verfahren erreicht werden soll.

Geprägt wurde die Total-Quality-Management-Philosophie in den 1940er Jahren von dem Amerikaner William E. Deming, welcher in diesem Zeitraum als Pionier das Feld des Qualitätsmanagements erforschte. In Japan wurden Demings Erkenntnisse weiterentwickelt und führten viele japanische Unternehmen mit qualitativen und gleichzeitig preiswerten Produkten zum Erfolg. Dieser Leitfaden des Qualitätsmanagements führte seinen Erfolgskurs in den USA weiter, wo bis heute der sogenannte Baldrige Award, welcher auf den Ideen Demings beruht, an Unternehmen verliehen wird.

Das Total-Quality-Management ist ein branchen- und größenunabhängiger Ansatz. TQM zielt nicht allein auf die technischen Funktionen innerhalb der Sicherstellung der Produktqualität ab, sondern wird vielmehr anhand der Beziehung zwischen dem Unternehmen und seinen Kunden gemessen und definiert. TQM nämlich stellt den Kunden in das Zentrum des Geschehens, wobei mithilfe verschiedener Methoden und Werkzeuge durch die Mitarbeiter ein ständiger Verbesserungsprozess stattfindet, der in seinem Ergebnis sowohl Unternehmen als auch Kunden zufriedenstellt.

Die ISO9001, das in Deutschland entwickelte EFQM-Modell und die japanische Six-Sigma-Methode sind Qualitätsmanagementsysteme, die nach dem Vorbild des Total-Quality-Managements entwickelt wurden. Alle diese Qualitätsmanagementsysteme haben das Ziel, eine aus Kundensicht maximale Qualität dauerhaft zu gewährleisten. Dabei setzen sie allesamt auf die Unterstützung des gesamten Mitarbeiterstabes. TQM ist eng mit den Ansätzen Lean-Management und Kaizen verflochten, welche die bestmögliche Wertschöpfung vor allem durch die Kombination der verschiedenen Tools erreichen.

Treasurer

Treasurer bedeutet übersetzt „Schatzmeister". Im englischen Sinne übernimmt dieser das Finanzmanagement des Unternehmens. Er ist zuständig für:

- Kapital- und Geldbeschaffung
- Kontakte zu Banken und Kapitalmärkten
- Absicherung finanzieller Risiken
- Cash Management (Liquidationspositionen)
- Mittelfristige Finanzplanung des Unternehmens.

U

Umlagen

Die Berechnung von Umlagen hat das Ziel, die Aufwendungen einer Zentralverwaltung oder Holding an die operativen Einheiten bzw. Tochtergesellschaften zu verteilen und damit die Ergebnisse der einzelnen Einheiten/Gesellschaften unter Berücksichtigung von zentralen Leistungen darzustellen.

Mit der Umlagen-Verrechnung wird die Möglichkeit ein er Wirtschaftlichkeitsanalyse der einzelnen Gesellschaften / operativen Einheiten und deren Produkte unter Berücksichtigung aller anfallenden Kosten gegeben. Umlagen sind zugleich Voraussetzung für eine Produktkalkulation, die alle anfallenden Aufwendungen berücksichtigen sollte und dadurch Angebotspreise unter den eigenen Gesamtaufwand verhindern. Dieser Blickpunkt muss stets Bestandteil einer Beurteilung der unternehmerischen Marktsicherung und Marktentwicklungspotentiale sein.

Zugleich ist mit der Umlagen-Verrechnung die Basis gelegt, um allen gesellschafts-, handels- und steuerrechtlichen Ansprüchen zu genügen.

Umsatzkostenverfahren (UKV)

Das Umsatzkostenverfahren (UKV) ist eine Methode zur Ermittlung des betrieblichen Erfolges. Hierfür werden die Umsatzerlöse vermindert um die angefallenen Kosten je Bereich (Produktion, Verwaltung und Vertrieb). Für diese Berechnung der Gewinn- und Verlustrechnung wird in dem Unternehmen eine Kostenstellenrechnung benötigt.

Das Umsatzkostenverfahren kann nach dem HGB und den IFRS angewendet werden, anstatt des Gesamtkostenverfahrens. Die US-GAAP schreiben die Nutzung des Umsatzkostenverfahrens vor.

Unternehmenspolitik

Unternehmenspolitik hat die Aufgabe, externe, zweckbestimmende Interessen am Unternehmen und intern verfolgter Ziele zu harmonisieren, um einen "fit" zwischen Um- und Inwelt zu erreichen. Dieser soll langfristig die Autonomie des Unternehmens gewährleisten. Die Führung muss dazu zunächst die grundsätzlichen Werthaltungen und das

Selbstverständnis im Unternehmen sowie die Verhaltensgrundsätze gegenüber Kunden, Lieferanten und Mitarbeitern bestimmen. Unternehmenspolitik besteht aus folgenden Elementen:

- Vision
- Leitbild
- Unternehmenskonzept

Eine Vision ist ein konkretes Zukunftsbild, nahe genug, dass man die Realisierbarkeit noch sieht, aber schon entfernt genug, um die Begeisterung der Mitarbeiter der Organisation für eine neue Wirklichkeit zu erwecken. Damit eine Vision kommunizierbar ist, sollte sie aus einem kurzen, leicht merkbaren Wortspiel bestehen. Die Vision ist Grundlage für die Erstellung des Leitbilds. Für die eigentliche strategische und operative Führung sind Vision und Leitbild aber noch zu wenig konkret. Sie müssen im Unternehmenskonzept näher ausgeführt werden. Das Unternehmenskonzept besteht aus drei Teilen:

- leistungswirtschaftliches Konzept
- finanzwirtschaftliches Konzept
- soziales Konzept

Diese Elemente ergeben sich aus der Ganzheitlichkeit der Unternehmensführung gegenüber allen Umwelten, also auch der natürlichen. Eine wirklich gelebte Unternehmenspolitik ist an zwei Voraussetzungen gebunden. Ihre Inhalte müssen von den obersten Führungskräften vorgelebt werden, und sie muss schriftlich formuliert sein, damit sich die Führungskräfte immer daran orientieren können. Unternehmenspolitik wird für das Gesamtunternehmen allgemeingültig formuliert. Strategien für Geschäftsbereiche können teilweise andere Ziele verfolgen oder in den

Vordergrund stellen. Sie müssen sich aber immer nach den politischen Grundsätzen ausrichten, d.h. dazu kompatibel sein. Aus diesem Grund wird Unternehmenspolitik oft als Einheit mit strategischer Planung und Führung gesehen.

V

Verantwortlichkeitsrechnung

Das gesamte betriebliche Rechnungswesen sollte nach dem Grundsatz der Verantwortlichkeit aufgebaut werden. Da Führungskräfte auch für finanzwirtschaftliche Resultate verantwortlich sind, ist durch die Gestaltung von Kostenstellen-, Kostenträger- und Deckungsbeitragsrechnung dafür zu sorgen, dass in den Berichten klar zwischen den von der jeweiligen Person direkt und selbständig innerhalb eines Jahres beeinflussbaren Kosten, Leistungen und Erlösen sowie Umlagen oder kalkulatorischen Werten unterschieden wird.

Verrechnungspreise

Der Begriff des Verrechnungspreises sollte im Sinne einer klaren Abgrenzung sehr restriktiv gehandhabt werden. Verrechnungspreise ermöglichen die Abrechnung des Leistungsaustausches zwischen verflochtenen Gesellschaften oder Geschäftssparten. Werden Leistungen zwischen Kostenstellen ausgetauscht, spricht man von innerbetrieblicher Leistungsverrechnung.

Vollkostenrechnung

Vollkostenrechnung ist die Ausgestaltungsform der Kostenrechnung, in der alle Kosten des Unternehmens auf die einzelnen Produkte und Dienstleistungen verrechnet werden. Vollkosten umfassen entweder alle Kosten, die bei der Herstellung eines Produktes oder einer Dienstleistung angefallen sind (volle Herstellkosten), oder alle Kosten, die für die in einer Periode verkauften Produkte entstanden sind (volle Selbstkosten). Die Berechnung von Vollkosten ist nur durch die Umlage der Strukturkosten möglich, also durch ihre Proportionalisierung, da nicht alle in einem Unternehmen entstehenden Kosten in einem direkten Verursachungszusammenhang mit den hergestellten oder verkauften Produkten stehen. Durch diesen Verstoß gegen das Verursachungsprinzip ergibt sich auch, dass umgelegte Strukturkosten nie entscheidungsrelevant sein können, da sie sich nicht proportional zur Leistung verändern.

Wertanalyse / Funktionskostenanalyse

Die Wertanalyse (Funktionskostenanalyse) verfolgt das Ziel, alle für den Wert bzw. die Funktion eines Produkts oder einer Dienstleistung nicht notwendigen Kosten zu erkennen und zu eliminieren. Es handelt sich also um eine Systematik, die sich mit dem Produkt in seiner Gesamtheit und in seinen einzelnen Bestandteilen auseinandersetzt. Deshalb sollten in ein gutes Wertanalyseteam nicht nur die Fachleute von Einkauf, Produktion und Verkauf einbezogen werden, sondern wenn möglich auch Lieferanten und Kunden. Die Teamleitung wird oft einem Controller übertragen.

Wirtschaftlichkeitsrechnung

Unter Wirtschaftlichkeit versteht man einen wertmäßigen Ausdruck des Ökonomischen Prinzips. Es geht um das Feststellen der möglichst ergiebigen Kombination von Produktionsfaktoren und das Entscheiden über knappe Ressourcen mit dem Ziel der Gewinnmaximierung. Sie ist eine wichtige Kennzahl zur Ermittlung der Relationen von allgemeinem In- und Output. So ist beim Vorhandensein verschiedener Handlungsalternativen immer die zu wählen, die bei kleinster Einbringung, den maximalen Nutzen für das Unternehmen bedeutet.

Die Wirtschaftlichkeit ist auf Basis der betrieblichen Größen Leistung und Kosten ermittelbar. Sie ist eine dimensionslose Zahl.

$$Wirtschaftlichkeit = \frac{Leistungen}{Kosten}$$

Je höher die Wirtschaftlichkeit ist, desto größer der Gewinn und damit auch die Rentabilität des Unternehmens.

Z

Zero Base Budgeting (ZBB)

Die Null-Basis-Budgetierung, die in den Sechzigern von Peter Phyrr (Texas Instruments) erarbeitet wurde, ist eine detaillierte Überprüfung der Relevanz aller Gemeinkostenbereiche. Insbesondere deren Leistungen und Wirtschaftlichkeit soll vordergründig recherchiert werden, um Kosteneinsparungen zu erzielen. Wie auch bei einer Unternehmensneugründung geht man für die Vergabe von Budgets von der "Basis Null" aus. Die bisherigen Festlegungen werden gänzlich in Frage gestellt und erneut überprüft.

Der Manager soll seine Entscheidungen wie z.B. geplante Ausgaben eingehend begründen. Daraufhin ermittelt ein Planungsteam das Kosten-Nutzen-Verhältnis, der zu erledigenden Aufgaben. Anhand des vorhandenen Budgets wird im Folgenden eine Entscheidung über die Umsetzung getroffen.

Durch die Anwendung des Zero-Base-Budgeting sind die Unternehmensziele stets klar strukturiert und auch die Unterziele werden den Mitarbeitern permanent vorgezeigt. Zudem kann die Wirtschaftlichkeit des Unternehmens nicht in den Hintergrund rücken, da ständige Überprüfungen der Entscheidungen erfolgen.

Jedoch ist es denkbar, dass durch die starke Kontrolle und das ständige Infrage stellen der Vorschläge Konflikte entstehen. Fraglich ist diese Überlegung besonders in der Managementebene, wo die Kontrollen auch nicht immer leicht fallen werden. Hinzu kommt noch der große Arbeitsaufwand, der für den exakten Ablauf der Phasen betrieben werden muss. Aus diesen Gründen findet das Zero-Base-Budgeting auch nur begrenzte Praxisanwendung.

Ziel

Ein Ziel ist ein angestrebter zukünftiger Zustand, der nach Inhalt, Zeit und Ausmaß genau bestimmt ist. Man kann ein Ziel auch als ein zu erreichendes Resultat sehen. Das Denken und Arbeiten mit Zielen ist eine Voraussetzung für wirksames Controlling. Führung durch Zielvereinbarung (Management by Objectives) und Controlling wachsen zusammen. Ziele sollen markieren, was zu erreichen ist und sind demnach jedes Jahr neu zu erarbeiten. In einer zielorientierten Unternehmenskultur qualifiziert sich diejenige Person als Führungskraft, die ihre Ziele genau plant (ohne „sich warm anzuziehen") und sie dann auch erreicht. Ziele sind dadurch charakterisiert, dass sie eindeutig quantifiziert und qualifiziert sind.

Im Zielvereinbarungsprozess werden Einzelziele für verantwortliche Mitarbeiter von Unternehmenszielen wie z.B. dem Return on Investment stufengerecht abgeleitet. Je nach Verantwortlichkeitsbereich des Mitarbeiters können dies Deckungsbeitragsziele, Kosten- oder Leistungsziele sein. Durch Kombination von Deckungsbeitrags- und Kostenzielen lassen sich konsistente Zielsysteme für den Bereich der Rentabilität generieren, die sowohl für die Verantwortlichkeits- als auch für die Entscheidungsrechnung geeignet sind. Damit kann die mit den Controlling-instrumenten angestrebte Verhaltenssteuerung der Führungskräfte umgesetzt werden.

Die Führung durch Zielvereinbarung ist der Zielsetzung überlegen, weil jeder Mitarbeiter in den Zielableitungsprozess eingebunden wird, was seine Eigenmotivation und die Akzeptanz der Ziele fördert.

BUCHEMPFEHLUNGEN

Bilanzen – lesen. erstellen. auswerten

Gunther Jensen (Autor)

Verlag: Books on Demand
ISBN 978-3-8482-6708-8

„Bilanzen – lesen. erstellen. auswerten." ermöglicht es auch Laien einen Einblick in die Welt des Jahresabschlusses sowie der Analyse von Bilanzen zu nehmen.

Mit diesem Buch können auch kleinere Unternehmen ihren Abschluss selbst erstellen und Buchhalter mittelständischer Unternehmen den Jahresabschluss vorbereiten. Mit Anleitungen und Beispielen aus der Praxis werden Sie Schritt für Schritt zum fertigen Jahresabschluss geführt.

Das Buch zeigt leicht verständlich, wie diese jeweils gelesen und interpretiert werden können, um so versteckte Risiken aufzudecken und ist daher auch für ein Selbststudium geeignet.

Betriebswirtschaftliche Formelsammlung

Gunther Jensen (Autor)

Verlag: Books on Demand
ISBN 978-3-8482-3196-6

Das Buch "Betriebswirtschaftliche Formelsammlung" ist sowohl für die Aus- und Weiterbildung, für Berufseinsteiger, aber auch als Nachschlagewerk für alle betriebswirtschaftlichen Berufe und Unternehmer empfehlenswert. In dieser Formelsammlung sind alle relevante Formeln, Kennzahlen und Methoden aus den Bereichen Materialwirtschaft, Marketing, Kostenrechnung, Jahresabschluss-Analyse, Finanzierung, Investitionsrechnung und Personalwirtschaft enthalten. Es werden nicht nur fachspezifische Formeln aufgeführt, sondern auch relevante Begriffen erklärt. Darüber hinaus enthält sie ein ausführliches Stichwortverzeichnis. Es handelt sich hier nicht nur um eine reine Formelsammlung, sondern auch ein praktisches Nachschlagewerk und ein Hilfsmittel zum Lernen. Alle wichtigen Themen sind kompakt, aber dennoch im vollem Umfang beschrieben.